Eder

Zauberhafte Mathematik

AF628657

Ihr Plus – digitale Zusatzinhalte!

Auf unserem Download-Portal finden Sie zu diesem Titel kostenloses Zusatzmaterial. Geben Sie dazu einfach diesen Code ein:

plus-10jkq-h1914

plus.hanser-fachbuch.de

Bleiben Sie auf dem Laufenden!

Hanser Newsletter informieren Sie regelmäßig über neue Bücher und Termine aus den verschiedenen Bereichen der Technik. Profitieren Sie auch von Gewinnspielen und exklusiven Leseproben. Gleich anmelden unter

www.hanser-fachbuch.de/newsletter

Hans-Karl Eder

Zauberhafte Mathematik

Mathematische Rätsel und Knobeleien

HANSER

Autor:
Hans-Karl Eder, 46325 Borken
zauberhafte-mathematik@t-online.de

MIX
Papier aus verantwortungsvollen Quellen
FSC® C083411

Alle in diesem Buch enthaltenen Informationen wurden nach bestem Wissen zusammengestellt und mit Sorgfalt geprüft und getestet. Dennoch sind Fehler nicht ganz auszuschließen. Aus diesem Grund sind die im vorliegenden Buch enthaltenen Informationen mit keiner Verpflichtung oder Garantie irgendeiner Art verbunden. Autor(en, Herausgeber) und Verlag übernehmen infolgedessen keine Verantwortung und werden keine daraus folgende oder sonstige Haftung übernehmen, die auf irgendeine Weise aus der Benutzung dieser Informationen – oder Teilen davon – entsteht. Ebenso wenig übernehmen Autor(en, Herausgeber) und Verlag die Gewähr dafür, dass die beschriebenen Verfahren usw. frei von Schutzrechten Dritter sind. Die Wiedergabe von Gebrauchsnamen, Handelsnamen, Warenbezeichnungen usw. in diesem Werk berechtigt auch ohne besondere Kennzeichnung nicht zu der Annahme, dass solche Namen im Sinne der Warenzeichen- und Markenschutz Gesetzgebung als frei zu betrachten wären und daher von jedermann benutzt werden dürften.

Bibliografische Information der Deutschen Nationalbibliothek:
Die Deutsche Nationalbibliothek verzeichnet diese Publikation in der Deutschen Nationalbibliografie; detaillierte bibliografische Daten sind im Internet über http://dnb.d-nb.de abrufbar.

Dieses Werk ist urheberrechtlich geschützt.
Alle Rechte, auch die der Übersetzung, des Nachdruckes und der Vervielfältigung des Buches, oder Teilen daraus, vorbehalten. Kein Teil des Werkes darf ohne schriftliche Genehmigung des Verlages in irgendeiner Form (Fotokopie, Mikrofilm oder ein anderes Verfahren) – auch nicht für Zwecke der Unterrichtsgestaltung – reproduziert oder unter Verwendung elektronischer Systeme verarbeitet, vervielfältigt oder verbreitet werden.

© 2020 Carl Hanser Verlag München;
Vilshofener Straße 10 | 81679 München | info@hanser.de
www.hanser-fachbuch.de

Lektorat: Dipl.-Ing. Natalia Silakova-Herzberg
Herstellung: Anne Kurth
Satz: Hans-Karl Eder
Titelbild: © shutterstock.com/Tancha
Covergestaltung: Hans-Karl Eder , Max Kostopoulos
Coverkonzept: Marc Müller-Bremer, www.rebranding.de, München
Druck und Binden: CPI books GmbH, Leck
Printed in Germany

Print-ISBN: 978-3-446-46595-4
E-Book-ISBN: 978-3-446-46596-1
E-Pub-ISBN 978-3-446-46721-7

Vorwort

Oft werde ich gefragt, für wen dieses Buch geschrieben sei. Die Antwort ist einfach: Für all diejenigen, die sich gerne mit Mathematik beschäftigen und sich – falls dies noch nicht geschehen – vom Zauber der Mathematik anstecken lassen wollen.

Jeder wird schon einmal erfahren haben, dass eine selbst gemeisterte Aufgabe oder eine gelungene Problemlösung ein Feuerwerk der guten Laune entfachen kann. Die Auseinandersetzung mit den folgenden 56 Rätseln könnte dazu beitragen, Neugierde zu wecken und Kreativität zu fördern. Manchmal sind auch Ausdauer und Anstrengung gefragt. Wer sich den Aufgaben stellt, erfährt einmal mehr: Das Denken gehört zu den größten Vergnügungen des Menschen, unabhängig von Alter, Herkunft oder Geschlecht.

Sollte dennoch das Nachdenken, das Suchen nach einem Lösungsweg bei der ein oder anderen Aufgabe einmal nicht zum Erfolg führen, sind zu allen Rätseln die Lösungen und auch mögliche Lösungswege und Denkanstöße vorhanden. Ergänzend dazu können die zu jeder Aufgabe angefertigten Lösungsvideos einen weiteren Beitrag zum Verstehen leisten.

Auf vielen Seiten gibt es die Rubrik „Schon gewusst, dass ...". Es werden interessante, überraschende und erstaunliche Erkenntnisse aus der Welt der Mathematik vorgestellt oder in Erinnerung gerufen.

Wen die Rätsel noch nicht vom Zauber der Mathematik überzeugt haben, der kann sich zu guter Letzt von den zwölf mathematischen

Zaubertricks inspirieren lassen. Alle Zauberkunststücke werden gelöst und rufen zum Ausprobieren auf.

Viel Freude dabei wünscht

Hans-Karl Eder

Inhaltsverzeichnis

Rätsel und Lösungen

		Rätsel	Lösungen
1.	Magisch^2	1	59
2.	Wie viele Zahlen lassen sich legen?	2	60
3.	Wie groß war das Jury-Team?	3	61
4.	Fußballbundesliga	4	62
5.	Verwandt mit Fibonacci	5	63
6.	Vier Waagen und ein Fragezeichen	6	64
7.	Die Farben der Kugeln	7	65
8.	Sponsorenlauf	8	66
9.	Quadrominosteine	9	67
10.	19 und 24	10	68
11.	Die versteckten Ostereier	11	69
12.	Vernetzung	12	70
13.	Julias neue Pinnwand	13	71
14.	Linien im Quadrat	14	72
15.	Pentagon-Zahlen	15	73
16.	Ein Teil vom Parallelogramm	16	74
17.	Chancen beim Monopoly-Spiel	17	75
18.	Die Wahrheit kommt ans Licht	18	76
19.	Die Höhe des Dreiecks	19	77
20.	Ergebnis bekannt	20	78
21.	Knifflige Entfernungen	21	79
22.	Verschlüsselte Geburtstage	22	80
23.	Mathematik-Symbole	23	81

24.	Der bunte Weihnachtsbaum	24	82
25.	Formensalat	25	83
26.	Wasserverlust	26	84
27.	Die Lichtertafel „2 aus 25“	27	85
28.	Quadratzahlen	28	86
29.	Wie alt ist Herr Fichtner?	29	87
30.	Nachbarschaftshilfe	30	88
31.	Rote und blaue Kugeln	31	89
32.	Der Platz der 12	32	90
33.	Bunte Decken	33	91
34.	Streckenlängen	34	92
35.	Preis gesucht	35	93
36.	Ein „geometrisches“ Zahlenrätsel	36	94
37.	Das Jahr 2020	37	95
38.	Fortsetzung folgt . . .	38	96
39.	Flächeninhalt gesucht	39	97
40.	Verschlüsselung	40	98
41.	Logische Ergänzung	41	99
42.	Der „Schlüssel“ zum Erfolg	42	100
43.	Das Aktiengeschäft	43	101
44.	Kugeln in der Würfelbox	44	102
45.	Von New York nach New Jersey	45	103
46.	Die Königsaufgabe	46	104
47.	Jonglieren mit Bällen und Zahlen	47	105
48.	Herbst-Kirmes	48	106
49.	Drei Ziffern fehlen	49	107
50.	Der sichere PIN-Code	50	108
51.	Dreiecke gesucht	51	109

52.	Spiel mit zwei Würfeln	52	110
53.	Falsch programmiert?	53	111
54.	Zu Besuch im Autokino	54	112
55.	Fröhliche Nachbarschaft	55	113
56.	HOKUS POKUS FIDIBUS	56	114

Zaubertricks und Lösungen 115 129

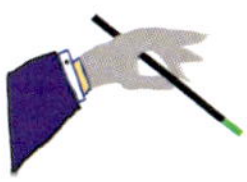

		Tricks	Lösungen
Z 1.	Ein Trick zum blitzschnellen Rechnen	117	131
Z 2.	Ich kenne Deine Zahl	118	132
Z 3.	Ich kenne die Ziffern	119	133
Z 4.	Superhirn	120	134
Z 5.	Fibonacci-Zauber	121	135
Z 6.	Zauberhafte Multiplikation	122	136
Z 7.	Zauberei mit Münzen	123	137
Z 8.	Zauberei mit drei Würfeln	124	138
Z 9.	Dein Geburtstag	125	139
Z 10.	Unsichtbare Würfelsumme	126	140
Z 11.	Die fehlende Ziffer	127	141
Z 12.	Kalenderzauber	128	142

Videoübersicht 143

[1] Magisch^2

Wer kennt sie nicht, die **Magischen Quadrate**?

Hier ein Beispiel für ein 3x3-Quadrat mit den Zahlen von 1 bis 9.

4	9	2
3	5	7
8	1	6

Diese neun Zahlen sind so verteilt, dass alle Zeilen, alle Spalten und alle Diagonalen addiert den Wert 15 ergeben. Solch ein Quadrat heißt **Magisches Quadrat**.

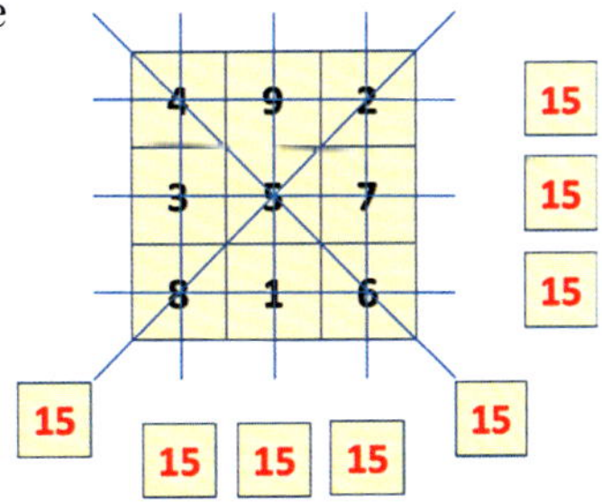

Gegeben ist ein 5x5-Quadrat. In der Mitte befindet sich bereits ein 3x3-Quadrat, das **magisch** ist.

Die noch fehlenden Zahlen von 1 bis 25 sollen so auf dem Rand verteilt werden, dass auch das 5x5-Quadrat **magisch** wird:

	7	21	11	
	17	13	9	
	15	5	19	

[2] Wie viele Zahlen lassen sich legen?

1	2	3	4	5

Wenn man von diesen fünf Karten mit den Ziffern 1, 2, 3, 4 und 5 drei Karten nebeneinanderlegt, dann entsteht eine dreistellige Zahl, z. B. 135.

1	3	5

Wie viele verschiedene dreistellige Zahlen kann man mit diesen 5 Karten legen, wenn die gelegte Zahl nicht größer sein darf als 420?

Schon gewusst, dass ...

... es *vollkommene Zahlen* gibt?

Addiert man alle Teiler einer Zahl (ohne die Zahl selbst), und ist dann das Ergebnis so groß wie diese Zahl, dann heißt die Zahl *vollkommen*.

Die kleinste vollkommene Zahl ist die Zahl 6.

Die 6 lässt sich teilen durch 6; 3; 2 und 1.

$6 = 3 + 2 + 1$

$28 = 14 + 7 + 4 + 2 + 1$

$496 = 248 + 124 + 62 + 31 + 16 + 8 + 4 + 2 + 1$

[3] Wie groß war das Jury-Team?

Auf dem Schulfest hatten die Schülerinnen und Schüler einen Musikwettbewerb veranstaltet. Jeder Beitrag wurde von jedem Wertungsrichter mit Punkten von 1 bis 8 bewertet.

Von jedem Richter durften nur volle Punktzahlen vergeben werden, wie man auf den Schildern erkennt.

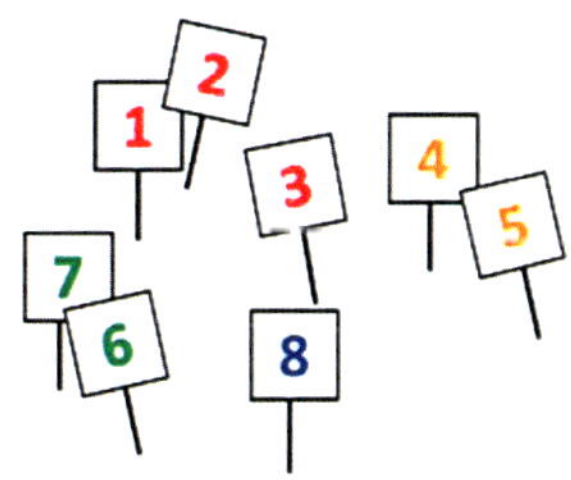

Anschließend wurde der Durchschnittswert errechnet. Ben hatte zur Gitarre gesungen; sein Beitrag erhielt 5,75 Punkte.

Wie viele Schülerinnen und Schüler waren *mindestens* im Jury-Team?

Schon gewusst, dass ...

... es die folgende „Zahlenzauberei“ gibt? Man nehme irgendeine Zahl, die aus drei Ziffern besteht (z. B. 258). Wenn man sie zweimal hintereinanderschreibt, entsteht eine sechsstellige Zahl (in diesem Fall 258 258). Diese neue Zahl, die entsteht, ist immer durch 7, durch 11 und auch noch durch 13 teilbar.

[4] Fußballbundesliga

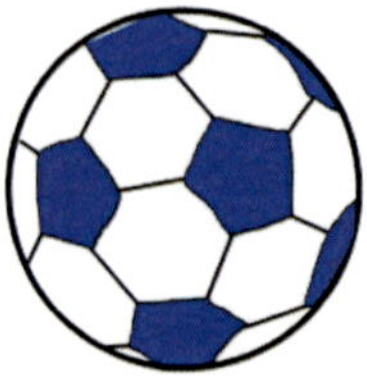

Für die 18 Vereine der Fußballbundesliga beginnt nach der Winterpause die Rückrunde.

Die Gewinnermannschaft erhält für den Sieg 3 Punkte, der Verlierer geht mit 0 Punkten leer aus. Endet das Spiel unentschieden, bekommt jede der Mannschaften 1 Punkt.

Vor einigen Jahren wurden bis zur Winterpause insgesamt 420 Punkte vergeben.

Wie viele Spiele sind damals unentschieden ausgegangen?

Schon gewusst, dass ...

... in einem Raum mit 23 Menschen die Chance, dass zwei am gleichen Tag Geburtstag haben, bei 50% liegt?
In einem Raum mit 60 Personen liegt die Chance gar bei 99%.

[5] Verwandt mit Fibonacci

Die bekannte Fibonacci-Zahlenfolge lautet

1, 1, 2, 3, 5, 8, 13, 21, 34, 55, ...

Sie ist so aufgebaut, dass ab der dritten Zahl der Wert des nächsten Folgegliedes aus den beiden Vorgängerzahlen gebildet wird.

Beispiele: 3 + 5 = 8 oder 13 + 21 = 34

In der Abbildung stimmen die Seitenlängen der Quadrate mit den Zahlen der Fibonacci-Folge überein.

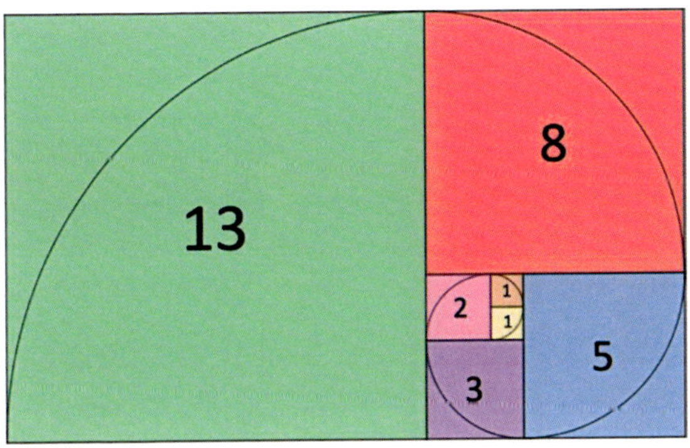

Es gibt Zahlenfolgen, die sozusagen mit der Fibonacci-Folge verwandt sind:

4	6	10	16	26	42	68	110	...

?	7	?	?	?	62	...

Wie lauten die vier fehlenden Zahlen in dieser Folge?

[6] Vier Waagen und ein Fragezeichen

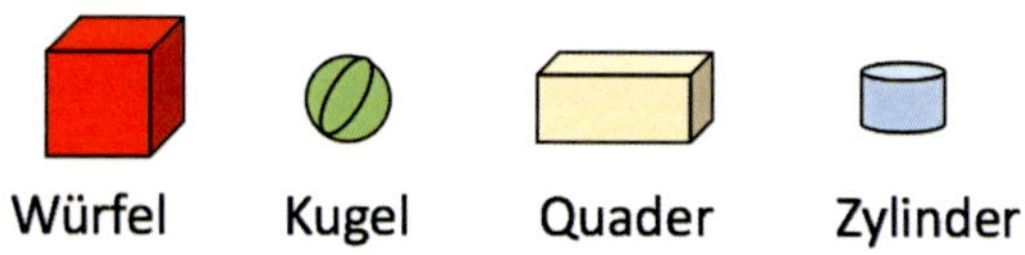

Dreimal wurde gewogen.

Es gilt zum Beispiel, dass Quader und Kugel zusammen so schwer sind wie der Würfel (siehe Abb. (1)).

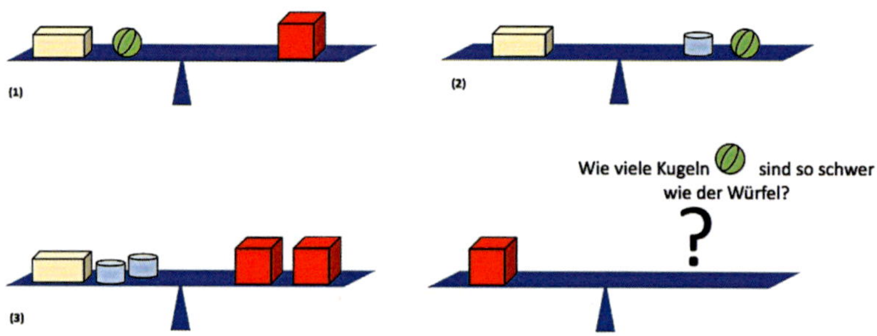

Wie viele Kugeln sind so schwer wie der Würfel?

[7] Die Farben der Kugeln

In dieser Schachtel befinden sich 20 farbige Kugeln.

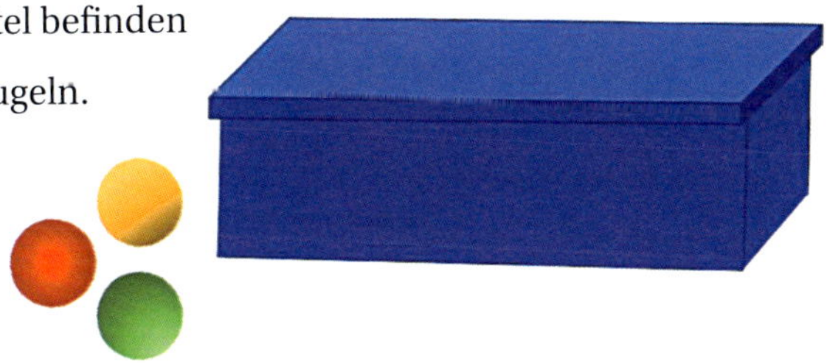

Nimmt man aus der Schachtel (ohne hineinzuschauen) 14 Kugeln, dann ist mindestens eine rote darunter, aber auch eine grüne.

Entnimmt man hingegen 15 der Kugeln, dann ist stets mindestens eine gelbe unter den gezogenen.

Wie viele rote, gelbe und grüne Kugeln befinden sich in der Schachtel?

Schon gewusst, dass ...

... die Chance, bei der Sendung „Wer wird Millionär?“ den Höchstgewinn allein durch Erraten der 15 richtigen Antworten zu erzielen, bei 0,000000093% liegt?

[8] Sponsorenlauf

Beim letztjährigen Sponsorenlauf des Sportvereins nahmen die fünf Kinder (Anna, Ben, Clara, David und Emil) teil.

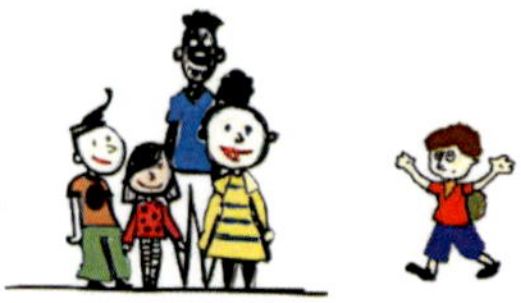

Welchen Betrag jedes einzelne Kind erlaufen hat, weiß man nicht.

Lediglich die folgenden erlaufenen Beträge sind bekannt:

Anna + Ben	66 €	Clara + David	73 €
Ben + Emil	68 €	David + Emil	60 €
Clara + Emil	77 €	Ben + Clara	81 €
Anna + David	58 €	Emil + Anna	62 €
David + Ben	64 €	Anna + Clara	75 €

1. Welcher Gesamtbetrag wurde von den fünf Kindern erlaufen?

2. Welchen Betrag hat jedes einzelne Kind geschafft?

[9] Quadrominosteine

Dies sind sogenannte „Quadrominosteine“:

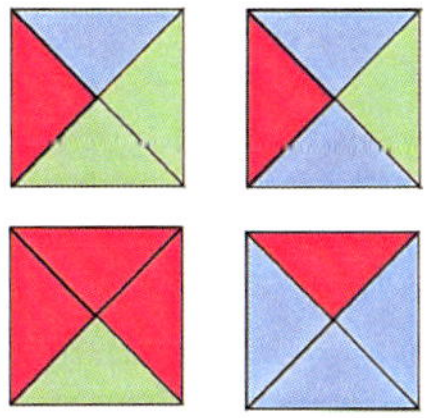

Es handelt sich dabei um quadratische Plättchen mit jeweils vier gleich großen Dreiecken.

Für die Färbung der Dreiecke stehen drei verschiedene Farben zur Verfügung:

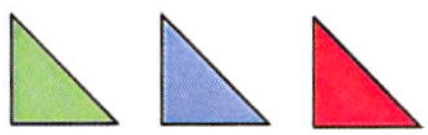

Wie viele verschiedene Färbungsmöglichkeiten gibt es für diese Quadrominosteine?

Schon gewusst, dass ...

... es Vermutungen gibt, die bis heute auf einen Beweis warten? Zu den bekanntesten gehört die Goldbachsche Vermutung, die nach dem Mathematiker Christian Goldbach benannt ist. Sie lautet: Jede gerade natürliche Zahl, die größer ist als 2, lässt sich als die Summe zweier Primzahlen schreiben.
Beispiele: 10 = 3 + 7; 24 = 7 + 17; 100 = 3 + 97

[10] 19 und 24

Die Zahlen 19 und 24 spielen in dem folgenden Rätsel eine entscheidende Rolle.

In der Abbildung sind 19 Kreise zu sehen.

In diese Kreise müssen die Zahlen von 1 bis 19 hineingeschrieben werden; jede der Zahlen darf nur einmal verwendet werden.

Die drei Zahlen in den drei Kreisen, die durch gleichfarbige Linien verbunden sind, müssen jeweils zusammen den Summenwert 24 ergeben.

Eine der 12 Zahlenreihen ist schon eingetragen: 6 + 14 + 4 = 24

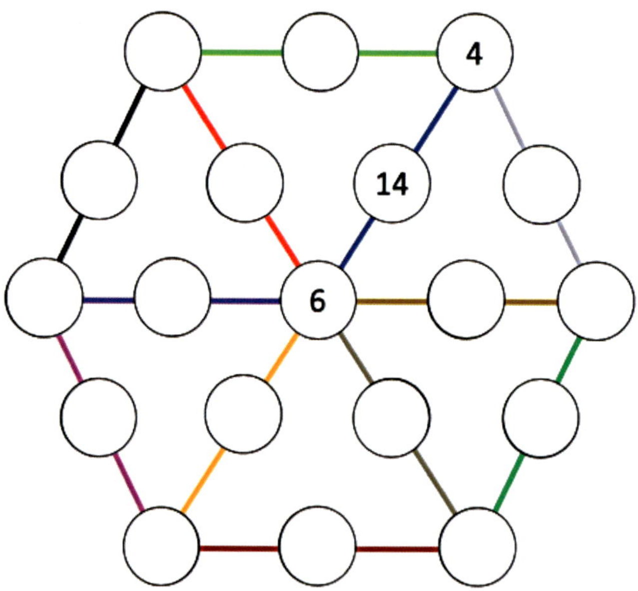

[11] Die versteckten Ostereier

Elf Ostereier sind unter den 56 Kacheln versteckt; jeweils ein Osterei unter einer Kachel.

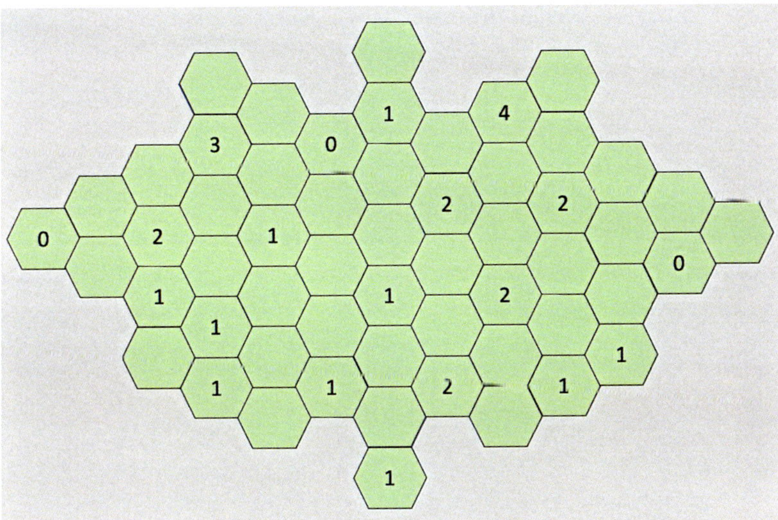

Die Zahl auf einer Kachel gibt an, unter wie vielen direkt mit dieser Kachel verbundenen Kacheln sich Ostereier befinden. Unter den Zahlenkacheln selbst sind keine Ostereier.

Beispiel:

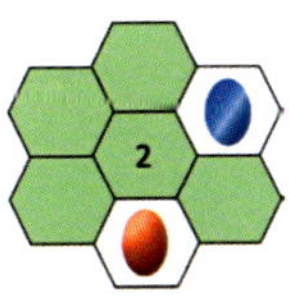

Viel Freude beim Suchen!

[12] Vernetzung

Nie war die Menschheit so vernetzt wie in der heutigen Zeit. In der Aufgabe geht es ebenfalls um Verbindungen.

Die 16 Punkte sind auf der Kreislinie gleichmäßig verteilt. Jeweils alle geraden Zahlen und alle ungeraden Zahlen wurden durch Strecken miteinander verbunden.

Zwischen geraden und ungeraden Zahlen gibt es keine Verbindungen, wenn man die Kreislinie nicht dazu rechnet.

Es entsteht dieses interessante Bild mit 56 Verbindungsstrecken:

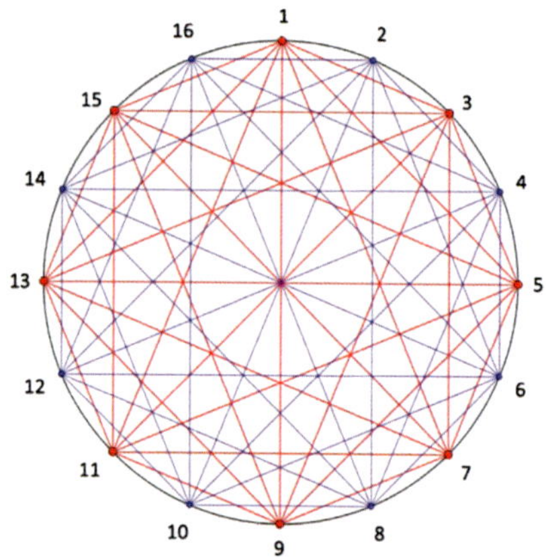

Wie viele Verbindungsstrecken gibt es, wenn nicht 16, sondern 25 Punkte auf diese Weise miteinander verbunden werden?

[13] Julias neue Pinnwand

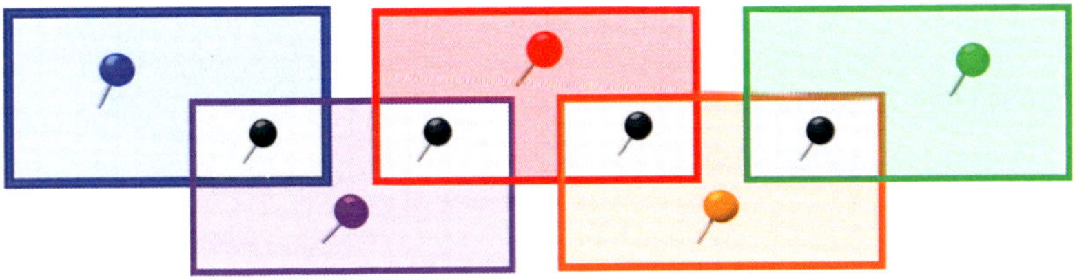

Julias neue Pinnwand besteht aus den fünf großen verschachtelten Rechtecken.

Sie hat 45 verschieden farbige Pinnnadeln auf ihrer noch leeren Pinnwand folgendermaßen verteilt:

1. In jedem grauen Feld stecken schwarze Nadeln.
2. In jedem farbigen Feld stimmt die Farbe der Nadeln mit der Feldfarbe überein.
3. In jedem Feld steckt mindestens eine Nadel.
4. In jedem der neun Felder ist die Anzahl der Nadeln verschieden.
5. In jedem der fünf großen Rechtecke befinden sich genau **11** Nadeln.

Wie viele Nadeln sind rot?

[14] Linien im Quadrat

In diesem Quadrat befinden sich 15 farbige Teilflächen.

Die weißen Begrenzungslinien verlaufen alle parallel zu den Seitenlinien des Quadrats.

Wie groß ist die Gesamtlänge aller weißen Begrenzungslinien?

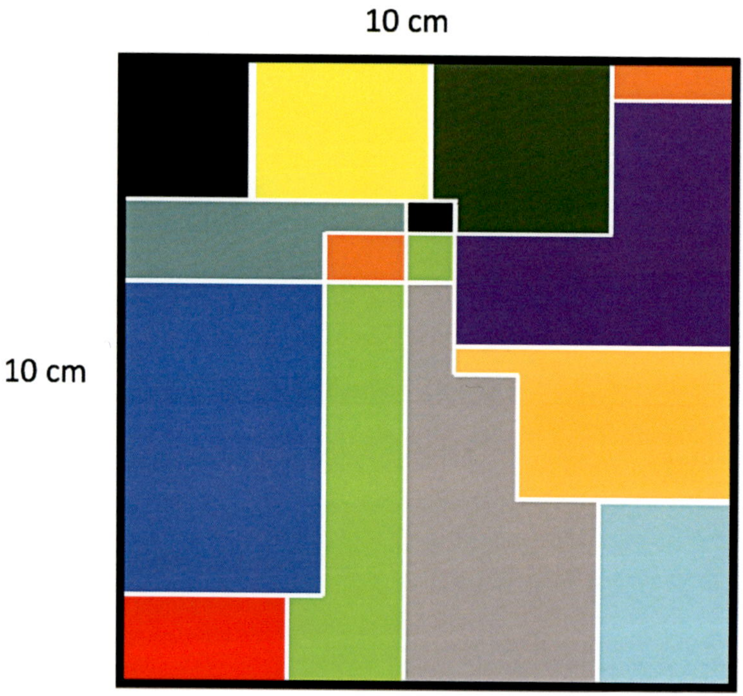

[15] Pentagon-Zahlen

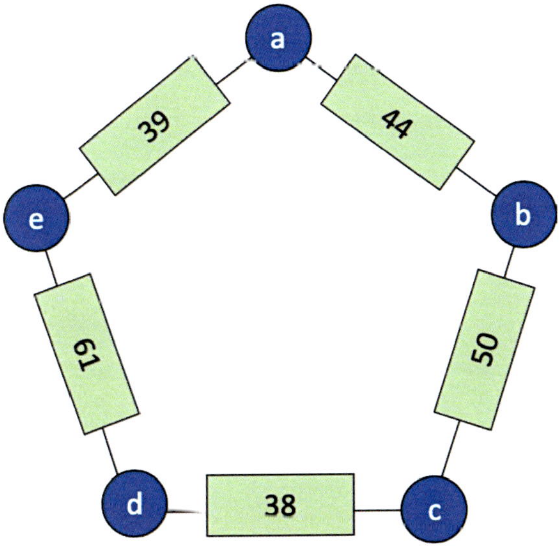

In diesem regelmäßigen Fünfeck (Pentagon)sind die fünf Zahlenwerte gesucht, die sich hinter den Buchstaben a, b, c, d und e in den blauen Kreisen verbergen.

Dazu muss man wissen, dass jeweils zwei benachbarte Zahlen den Summenwert besitzen, der in dem Rechteck zwischen den beiden Zahlen angegeben ist.

Beispiel: 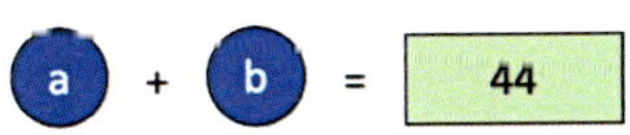

Wie lauten die Werte für a, b, c, d und e?

[16] Ein Teil vom Parallelogramm

In dem Parallelogramm sind durch die eingezeichneten Strecken acht Teilflächen entstanden. Die Größen der grünen Flächen sind bekannt: 2 cm², 10 cm² und 14 cm².

Wie groß ist die rote Fläche?

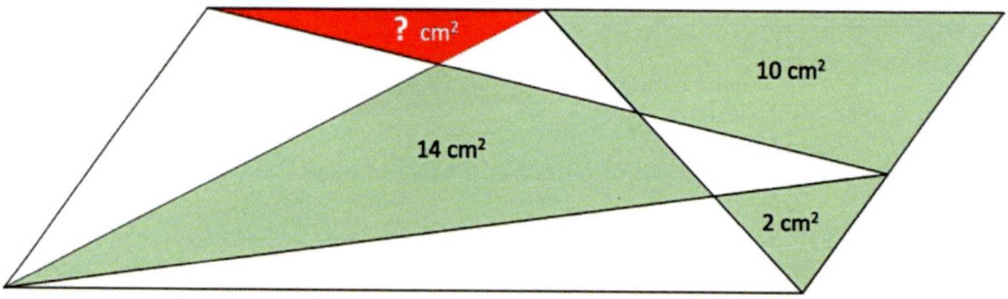

Schon gewusst, dass ...

... es in den meisten Kulturen so etwas wie eine Unglückszahl gibt?

Beispiele:

China: 4 Italien: 17 In vielen Ländern: 13

[17] Chancen beim Monopoly-Spiel

Ben ist beim „Monopoly-Spiel“ zu Besuch im Gefängnis.

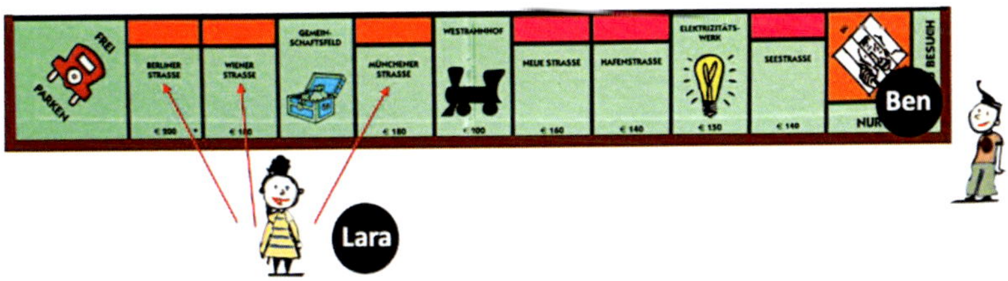

Er ist an der Reihe mit seinen zwei Würfeln. Lara freut sich, denn sie besitzt die **Berliner**, die **Wiener** und die **Münchener** Straße. Kommt Ben mit seiner Figur auf eines dieser drei Felder, muss er an Lara Miete zahlen.

Wie groß ist die Chance, dass Ben mit seiner gewürfelten Augenzahl auf Laras Grundstücken landet?

Schon gewusst, dass ...

... die Zahl Null (0) lange als „teuflisch“ galt, und dass ihre große Bedeutung für unser Stellenwertsystem in Europa erst im 14. Jahrhundert die ihr gebührende Anerkennung fand?

[18] Die Wahrheit kommt ans Licht

1. Genau eine der folgenden Aussagen ist wahr. Welche ist es?

Anna:	„Genau eine der Aussagen in dieser Liste ist falsch!“
Ben:	„Genau zwei der Aussagen in dieser Liste sind falsch!“
Chris:	„Genau drei der Aussagen in dieser Liste sind falsch!“
David:	„Genau vier der Aussagen in dieser Liste sind falsch!“
Elena:	„Genau fünf der Aussagen in dieser Liste sind falsch!“
Felix:	„Genau sechs der Aussagen in dieser Liste sind falsch!“
Gerda:	„Genau sieben der Aussagen in dieser Liste sind falsch!“

2. Einer der folgenden Würfel kann kein Standardwürfel sein.
   Welcher ist es?

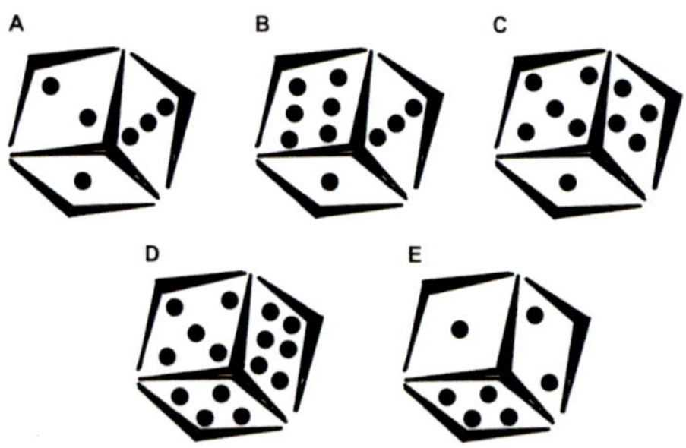

[19] Die Höhe des Dreiecks

Das Quadrat und das gleichschenklige Dreieck haben denselben Flächeninhalt, nämlich 16 cm^2.

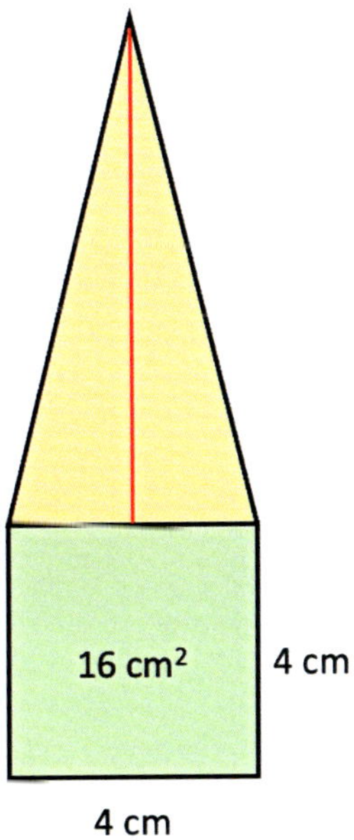

Welche Höhe (rote Linie) muss das Dreieck dann haben?

[20] Ergebnis bekannt

Gesucht sind drei dreistellige Zahlen mit dem Summenwert 2160; sie werden aus den neun Ziffern 1, 2, 3, 4, 5, 6, 7, 8, und 9 gebildet, wobei keine dieser neun Ziffern zweimal vorkommt. Zusätzlich kennt man jeweils den Summenwert der Ziffern dieser drei Zahlen, 20, 7 und 18.

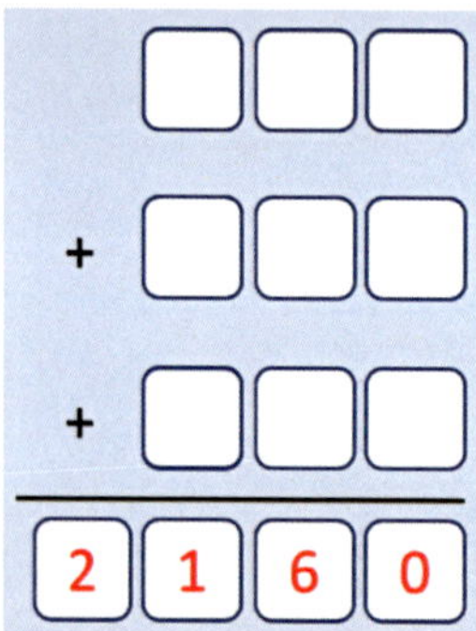

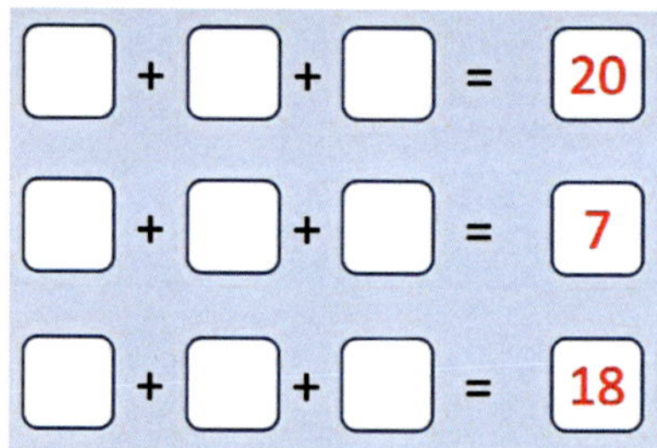

Schon gewusst, dass ...

... eine Zahl, mit einem Rufzeichen (!) versehen, eine besondere Bedeutung hat?

$3! = 3 \cdot 2 \cdot 1 = 6$

$5! = 5 \cdot 4 \cdot 3 \cdot 2 \cdot 1 = 120$

Der Wert von 10! = 3.628.800 bedeutet etwas ganz Besonderes.

3.628.800 Sekunden sind genau 42 Tage oder 6 Wochen!

[21] Knifflige Entfernungen

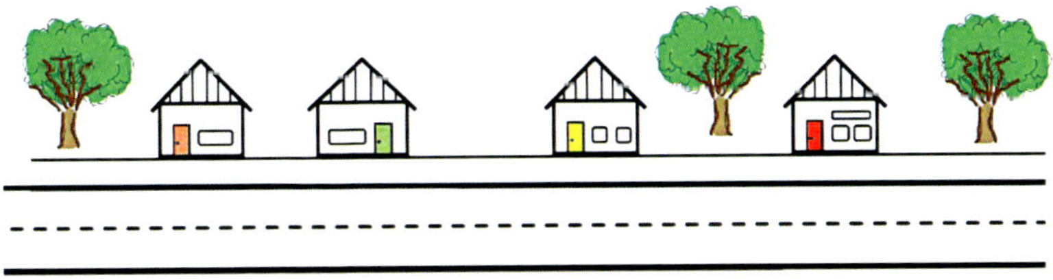

Anna, Ben, Christa und Darius wohnen an der geradlinig verlaufenden Hauptstraße.

Anna wohnt 130 m von Ben entfernt.

Von Ben zu Christa sind es genau 110 m.

Der direkte Weg von Christa zu Darius ist 140 m lang.

Und Anna wohnt von Darius 120 m entfernt.

Wie lang ist die Strecke von Anna zu Christa?

(Hinweis: Alle Angaben sind jeweils die kürzesten Entfernungen!)

[22] Verschlüsselte Geburtstage

Die folgenden 12 Kinder sind alle im Jahr 2009 geboren, allerdings alle in einem anderen Monat.

Alle 12 haben ihren Geburtstag folgendermaßen verschlüsselt:

Hier ein Beispiel: Wäre der Geburtstag der 25. 11., dann käme als Wert **$25 \cdot 11 = 275$** heraus.

Also: Tageszahl · Monatszahl = 275

Das haben alle 12 Kinder gemacht und ihre Verschlüsselungszahl notiert:

Julian	5	Philipp	180
Petra	132	Udo	40
Paul	112	Regina	16
Justus	64	Matteo	68
Marlene	165	Lisa	33
Ulla	228	Marion	65

Wer hat wann Geburtstag?

[23] Mathematik-Symbole

Diese 16 farbigen Symbole sollen so auf die leeren Felder verteilt werden, dass in jeder Zeile und in jeder Spalte weder dieselbe Farbe noch die gleichen Symbole auftreten. Dies soll ebenso für die beiden Diagonalen gelten.

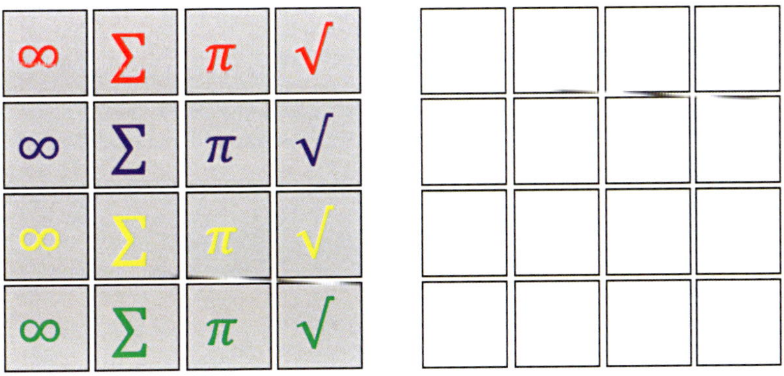

Schon gewusst, dass ...

... beim dreimaligen Würfeln (um zum Beispiel beim MENSCH-ÄRGERE-DICH-NICHT-SPIEL beginnen zu können) die Chance eine 6 zu schaffen, tatsächlich geringer ist als 50%? Die Chance liegt bei 42,1%.

[24] Der bunte Weihnachtsbaum

Bei dem hier gezeichneten Baum werden die Tannenzweige durch acht grüne Dreiecke dargestellt.

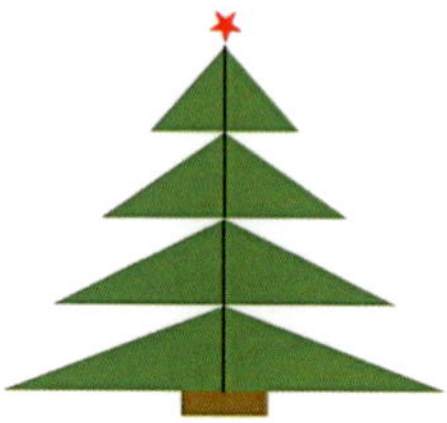

Jetzt soll der Baum bunter werden, indem zwei der acht Dreiecke eine andere Farbe bekommen.

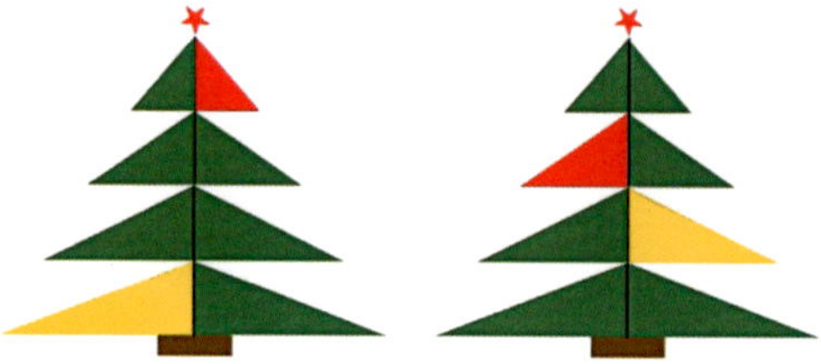

Wie viele verschiedene Möglichkeiten gibt es, den Baum zu zeichnen, wenn zwei der Dreiecke nicht grün bleiben sollen? Dabei ist die Farbwahl für die Lösung ohne Bedeutung.

[25] Formensalat

Welche Figur folgt als vierte?

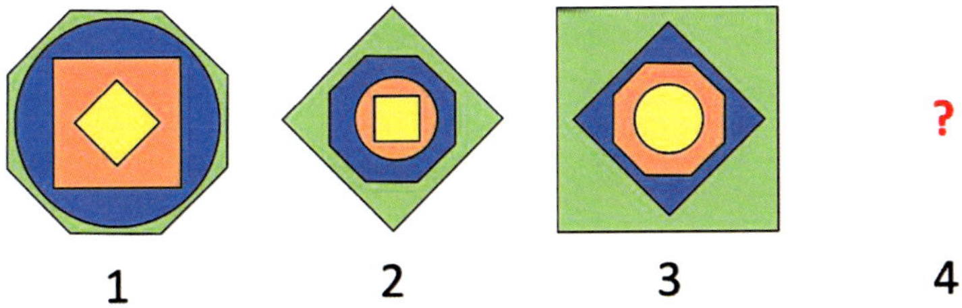

Schon gewusst, dass ...

... es den folgenden Zusammenhang zwischen Quadratzahlen und Kubikzahlen gibt?

$1^2 = 1^3$

$(1 + 2)^2 = 1^3 + 2^3$

$(1 + 2 + 3)^2 = 1^3 + 2^3 + 3^3$

$(1 + 2 + 3 + 4)^2 = 1^3 + 2^3 + 3^3 + 4^3$

$(1 + 2 + 3 + 4 + 5)^2 = 1^3 + 2^3 + 3^3 + 4^3 + 5^3$

$(1 + 2 + 3 + 4 + 5 + 6)^2 = 1^3 + 2^3 + 3^3 + 4^3 + 5^3 + 6^3$

. . . .

[26] Wasserverlust

Frisch geerntete Salatgurken können schon mal einen Wassergehalt von 99% haben.

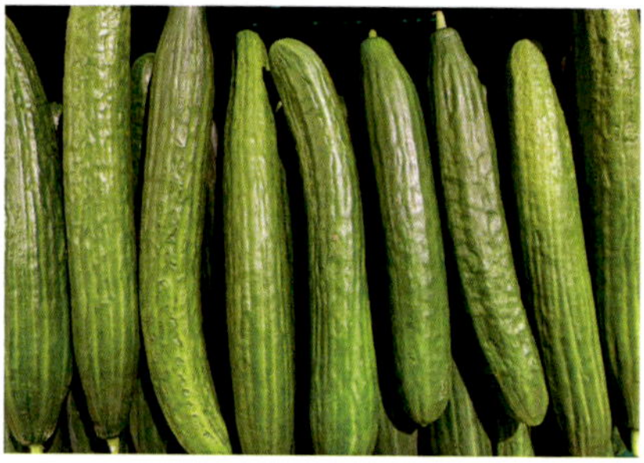

Im letzten Sommer hatte der Landwirt Braun versehentlich eine Kiste mit 10 kg solcher frisch geernteten Salatgurken in der prallen Sonne auf dem Feld stehen lassen.

Der Wassergehalt der Gurken war dadurch auf 98% gesunken. Das Wasser war verdunstet.

Als Herr Braun am Abend die vermeintlich 10 kg schweren Gurken auf die Waage stellte, schaute er völlig überrascht auf die Anzeige.

Was konnte er dort lesen?

Schon gewusst, dass ...

... die Steigung von 100% nicht dem Winkel von 90°, sondern dem Winkel von 45° entspricht?

[27] Die Lichtertafel „2 aus 25“

Gegeben ist ein Quadrat, das in 25 kleine Quadrate eingeteilt ist.

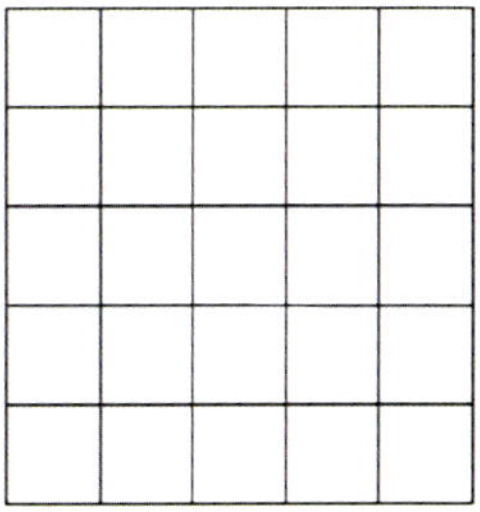

Klickt man auf ein weißes Quadrat, dann wird es entweder rot oder grün.

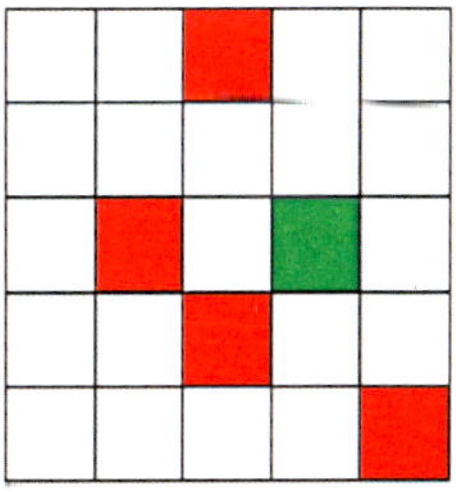

Am Ende — wenn alle leuchten — sind 23 Quadrate rot und nur 2 Quadrate grün.

Man weiß allerdings nicht, wo sich die beiden grünen Quadrate befinden.

Man weiß aber, dass die beiden grünen Quadrate eine Seite gemeinsam haben.

Mit viel Glück kann man schon nach zwei Versuchen (Klicks) die beiden grünen Quadrate zufällig finden.

Nach wie vielen Versuchen (Klicks) ist es ganz sicher, dass man die beiden grünen Quadrate gefunden hat?

[28] Quadratzahlen

Die folgende Zahlenreihe hat eine besondere Eigenschaft.

15 1 3 13 12

Jeweils die benachbarten Zahlen haben als Summenwert eine Quadratzahl.

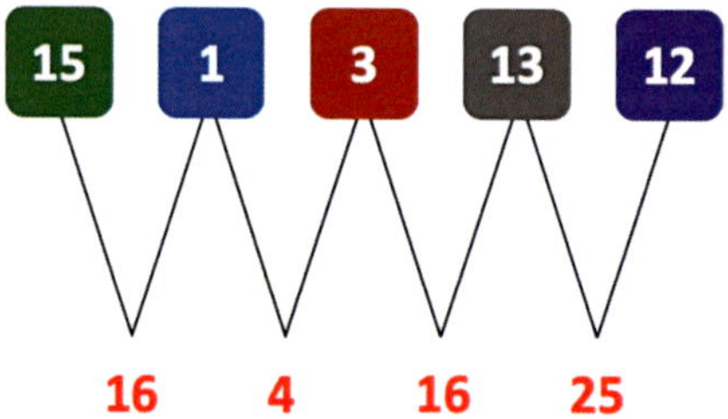

Aus den Zahlen 1 bis 17 soll eine Zahlenreihe so aufgebaut werden, dass die jeweiligen Nachbarzahlen als Wert der Summe eine Quadratzahl ergeben, so wie in dem Beispiel oben.

(Hinweis: 1, 4, 9, 16, 25, 36, 49, 64, 81, 100, 121, 144 sind die ersten 12 Quadratzahlen)

Schon gewusst, dass ...

... bei der Divisionsaufgabe 100 : 81 ein interessanter Wert herauskommt?
100 : 81 = 1,234567
Danach geht es leider nicht so weiter:
100 : 81 = 1,2345679012345679 0 . . .

[29] Wie alt ist Herr Fichtner?

Herr Fichtner freut sich schon auf seinen Geburtstag am 18. August 2020.

In welchem Jahr wurde er geboren, wenn es wahr ist, was er behauptet?

„Im Jahre x^2 werde ich x Jahre alt sein!"

Schon gewusst, dass ...

... es unter den natürlichen Zahlen

(1, 2, 3, 4, 5, 6, 7, 8, 9, 10, 11, . . .)

sogenannte *fröhliche Zahlen* gibt? Beispiel:

$23 \rightarrow 2^2 + 3^2 = 13 \rightarrow 1^2 + 3^2 = 10 \rightarrow 1^2 + 0^2 = 1$

Die ersten 10 *fröhlichen Zahlen* sind 1, 7, 10, 13, 19, 23, 28, 31, 32, 44

Dabei muss am Ende der Addition der Quadrate der Ziffern das Ergebnis eine 1 sein

Die 6 ist eine *nicht fröhliche Zahl*, denn

$6 \rightarrow 6^2 = 36 \rightarrow 3^2 + 6^2 = 45 \rightarrow 4^2 + 5^2 = 41$
$\rightarrow 4^2 + 1^2 = 17 \rightarrow 1^2 + 7^2 = 50 \rightarrow 5^2 + 0^2 = 25$
$\rightarrow 2^2 + 5^2 = 29 \rightarrow 2^2 + 8^2 = 85 \rightarrow 8^2 + 5^2 = 89$
$\rightarrow 8^2 + 9^2 = 145 \rightarrow 1^2 + 4^2 + 5^2 = 42 \rightarrow 4^2 + 2^2 = 20$
$\rightarrow 2^2 + 0^2 = \mathbf{4}$

Dass 6 eine *nicht fröhliche Zahl* ist, wird alle Schülerinnen und Schüler kaum verwundern!

[30] Nachbarschaftshilfe

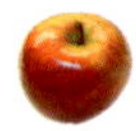

Auf dem Wochenmarkt gab es ein Angebot für 24 Äpfel. Das war dem alleinlebenden Herrn Fichtner zu viel.

Zufällig traf er seine Nachbarin, die gerade die 24 Äpfel gekauft hatte. Sie bot ihm einen Teil der Äpfel an.

Sein Anteil war genau $\frac{1}{5}$ ihres verbliebenen Anteils an Äpfeln.

Wie viele Äpfel bekam Herr Fichtner und wie viele behielt die Nachbarin?

Schon gewusst, dass ...

... viele Menschen beim Addieren von zwei Bruchzahlen kapitulieren und stets das falsche Ergebnis herausbekommen, weil sie sich nicht an die Regeln halten und einen bequemen, aber falschen Weg wählen?

Beispiel: $\frac{2}{3}+\frac{3}{4}=\frac{5}{7}$

(Sie rechnen 2 + 3 = 5 und 3 + 4 = 7, was zum falschen Ergebnis führt.)

Dennoch ist interessant, dass das falsche Ergebnis $\frac{5}{7}$ eine besondere Eigenschaft besitzt. Die Zahl $\frac{5}{7}$ liegt zwischen $\frac{2}{3}$ und $\frac{3}{4}$. Zwar nicht genau in der Mitte, aber auf jeden Fall dazwischen. Und das ist immer so!

[31] Rote und blaue Kugeln

Johann hat in seiner Kiste
200 farbige Kugeln gelagert.

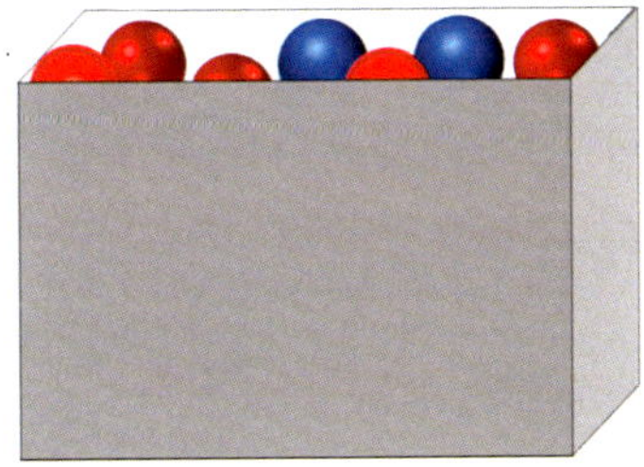

1% der Kugeln ist blau, der Rest ist rot.

Er hat so viele rote Kugeln aus der Kiste genommen, dass nun 2% der Kugeln, die in der Kiste verbleiben, blau sind.

Wie viele rote Kugeln hat er aus der Kiste genommen?

Schon gewusst, dass ...

... Durchschnittgeschwindigkeiten nicht so einfach zu berechnen sind?
Fährt jemand dieselbe Strecke einmal mit einer durchschnittlichen Geschwindigkeit von 60 km/h und dann mit 90 km/h, ist die Durchschnittsgeschwindigkeit nicht 75 km/h, sondern lediglich 72 km/h.

[32] Der Platz der 12

Es ist zu vermuten, dass das Fragezeichen durch eine 12 ersetzt werden muss. Die 17 Karten sind mit den Zahlen von 0 bis 16 gekennzeichnet, und die 12 fehlt. Diese Vermutung stimmt.

Es gibt einen anderen Grund, warum die 12 dort ihren Patz hat und warum die Zahlen so verteilt sind. Welchen?

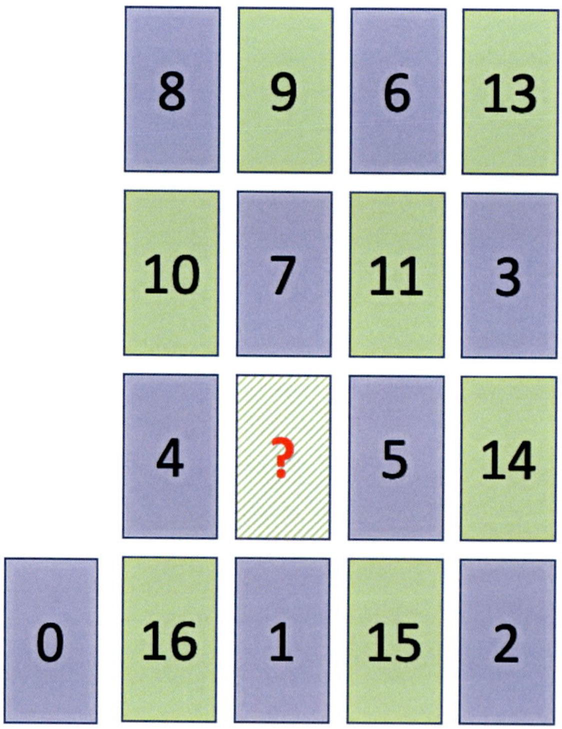

[33] Bunte Decken

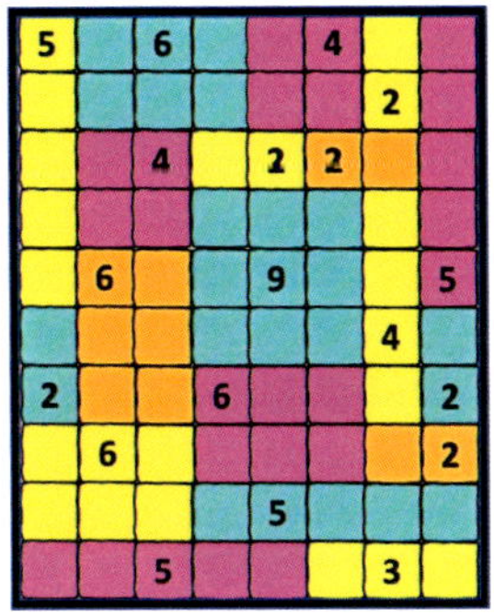

Die Decke wurde aus 80 kleinen Quadraten zusammengenäht. Die Zahlen geben an, wie viele gleichfarbige kleine Quadrate jeweils zusammen gehören.

Es entstehen 19 Flächen, die entweder quadratisch oder rechteckig sein sollen.

Bei der folgenden Decke fehlen noch die Farben für die 36 Quadrate und Rechtecke.

Es sollen vier verschiedene Farben so verteilt werden, dass die angrenzenden Quadrate und Rechtecke nicht die gleiche Farbe haben, so wie in dem Beispiel.

3					4				7				
	2		4			2	3			9			
2		4			6			3					6
	4												
					5							5	
			4								2		
		6		2				9		6		4	3
4					3								
		4		4	2	6			5				
			3							4		6	
		4						4					

[34] Streckenlängen

Marie und Jovan sind begeisterte Jogger. Marie läuft jeden Abend den kreisrunden grün eingezeichneten Weg, während Jovan die vier blau eingezeichneten Strecken läuft.

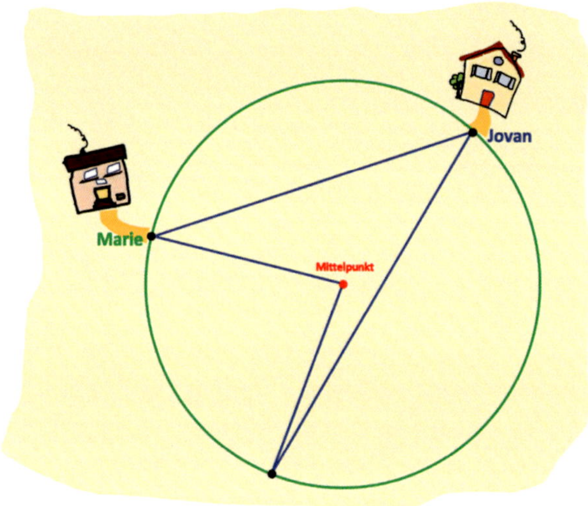

Wer von den beiden läuft die längere Strecke?

Schon gewusst, dass ...

... das Quadrat einer Zahl niemals auf 2, 3, 7 oder 8 enden kann?

(Quadratzahlen sind 1, 4, 9, 16, 25, 36, 49, 64, 81, 100, 121, 144, ...)

[35] Preis gesucht

Welcher Wert steht für das Fragezeichen?

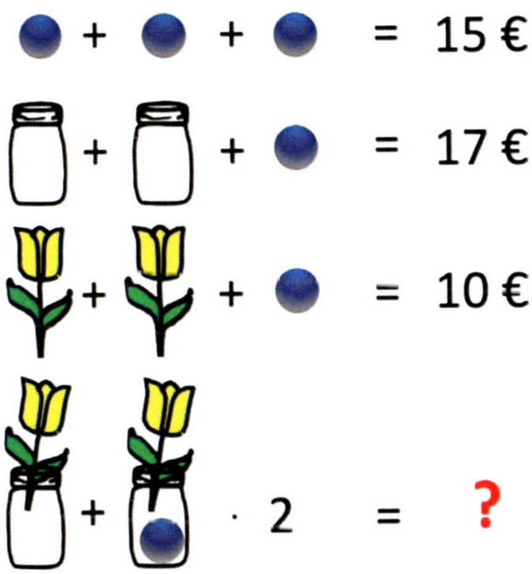

Schon gewusst, dass ...

... die Höhe h stets dieselbe Länge hat, ganz gleich wie weit die beiden zueinander parallelen Stangen a und b voneinander entfernt sind?

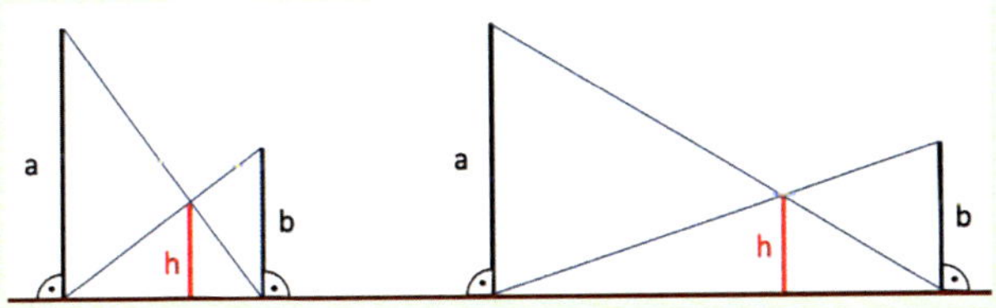

[36] Ein „geometrisches" Zahlenrätsel

Jede der hier aufgeführten Zahlen hat eine Partnerzahl.

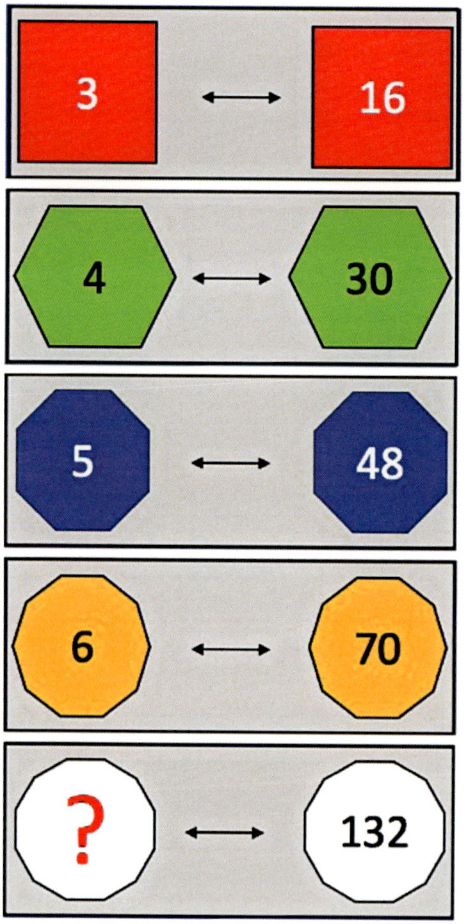

Von welcher Zahl ist 132 die Partnerzahl?

[37] Das Jahr 2020

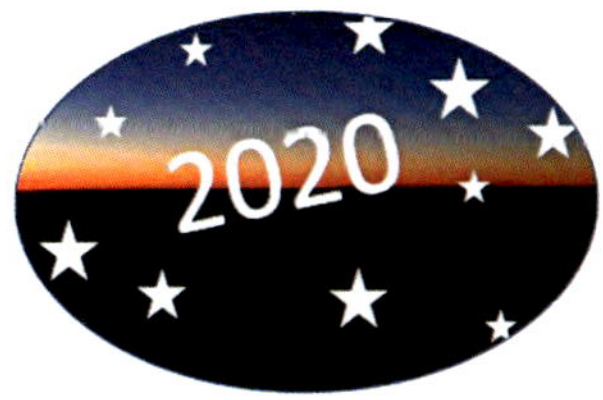

1 2 3 4 5 6 7 8 9

Diese Zahlen sollen so miteinander verknüpft werden, dass das Ergebnis der Aufgabe die Zahl 2020 ergibt. Jede der neun Zahlen darf und muss genau einmal gewählt werden.

Dabei dürfen nur die Rechenzeichen +, –, und : verwendet werden.

Zusätzlich können beliebig viele Klammern in der Rechnung vorkommen.

Die Reihenfolge der Zahlen darf frei gewählt werden.

(Tipp: Es geht auch ohne Klammern!)

Schon gewusst, dass ...

... –40°Celsius mit –40°Fahrenheit übereinstimmt, obwohl 25° Celsius dem Wert 77° Fahrenheit entspricht?

[38] Fortsetzung folgt . . .

Wie geht es weiter?

A 6 8 10 14 22 26 34 38 46 . . .

B 14 17 50 25 29 85 89 145 42 . . .

Schon gewusst, dass ...

... man bei der Addition von ungeraden Zahlen auf die folgende Gesetzmäßigkeit stößt?

$$\begin{aligned} 1+3 &= 4 \\ 1+3+5 &= 9 \\ 1+3+5+7 &= 16 \\ 1+3+5+7+9 &= 25 \\ 1+3+5+7+9+11 &= 36 \\ &\ldots \\ &\ldots \end{aligned}$$

Der Wert der Summe ist stets eine Quadratzahl!

[39] Flächeninhalt gesucht

Wie groß ist der Flächeninhalt der sichtbaren gelben Fläche?

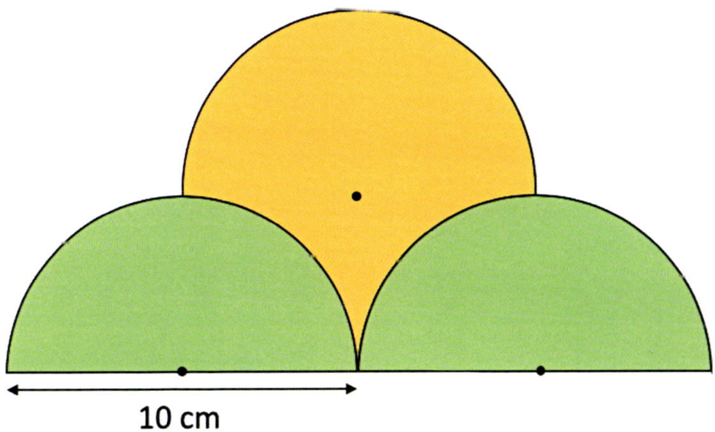

Die beiden grünen Kreise und der gelbe Kreis haben einen 10 cm langen Durchmesser.

Schon gewusst, dass …

… die Oberfläche des Vollmondes, den der Beobachter am nächtlichen Himmel bestaunt, viermal so groß ist wie die kreisrunde Fläche, die vom Betrachter tatsächlich gesehen wird?

(Dabei unterstellen wir einmal, dass der Mond eine Kugel sei.)

[40] Verschlüsselung

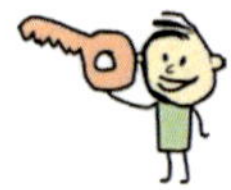

In allen Bereichen des Lebens – besonders in der digitalen Welt – gehören Codierungen bzw. Zugangsnummern zum Alltag.

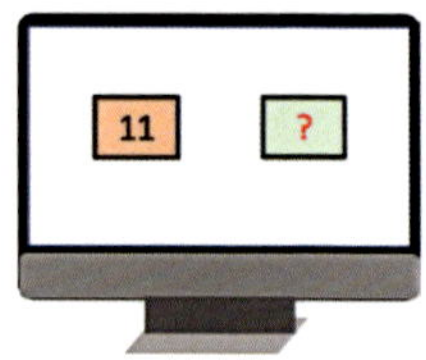

Jonas hat sich einen Zugangscode für seinen Computer ausgedacht. Wird der Rechner gestartet, erscheint eine Zufallszahl auf dem Bildschirm.

Es muss dann eine weitere Zahl eingegeben werden und der Rechner kann benutzt werden. Hier vier Beispiele:

5	4
30	7
12	5
7	6
11	?

Welchen Code hat Jonas sich ausgedacht? Welche Zahl gehört zu der 11?

Schon gewusst, dass ...

... die Zahlen 26 und 123 eine besondere Eigenschaft besitzen? Beide Zahlen sind der Durchschnittswert einer Quadratzahl und einer Kubikzahl.
26 liegt genau zwischen der Quadratzahl 25 und der Kubikzahl 27; denn $5^2 = 25$ und $3^3 = 27$.
123 liegt genau zwischen der Quadratzahl 121 und der Kubikzahl 125; denn $11^2 = 121$ und $5^3 = 125$.

[41] Logische Ergänzung

Welches Symbol muss hier logisch ergänzt werden?

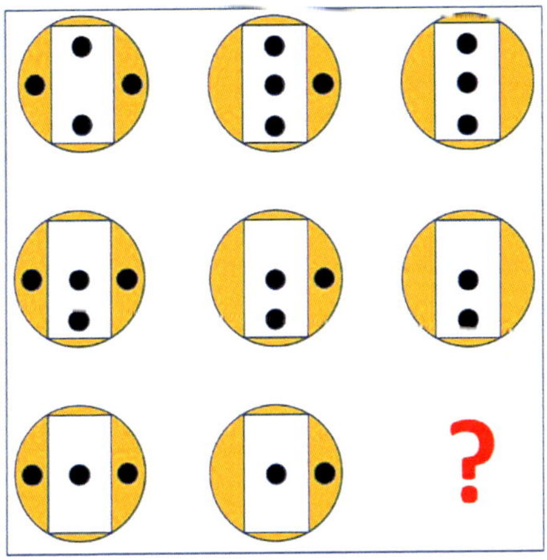

Schon gewusst, dass ...

... es unter den ersten 100 natürlichen Zahlen genau 25 Primzahlen gibt? Betrachtet man diese 25 Primzahlen genauer, dann gibt es wiederum vier Paare die jeweils nur vertauschte Ziffern haben:

13 und 31
17 und 71
37 und 73
79 und 97

[42] Der „Schlüssel“ zum Erfolg

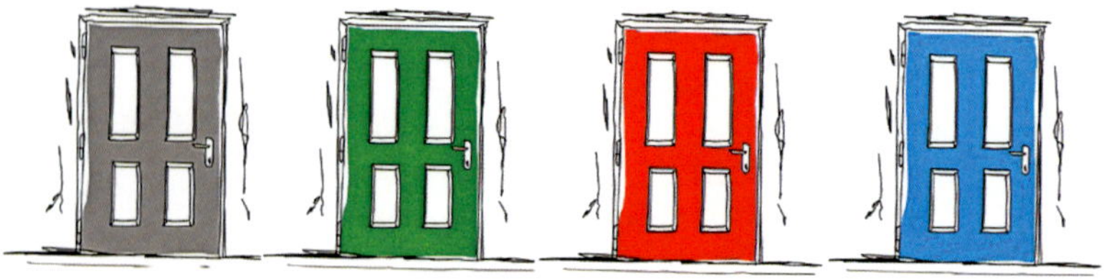

A Der „Schlüssel“ befindet sich hinter der grünen oder der roten Tür.

B Der „Schlüssel“ befindet sich hinter der grauen oder der blauen Tür.

C Der „Schlüssel“ befindet sich hinter der roten Tür.

D Der „Schlüssel“ befindet sich nicht hinter der blauen Tür.

Nur eine dieser vier Behauptungen ist wahr, die anderen sind falsch.

Hinter welcher Tür befindet sich der „Schlüssel“?

[43] Das Aktiengeschäft

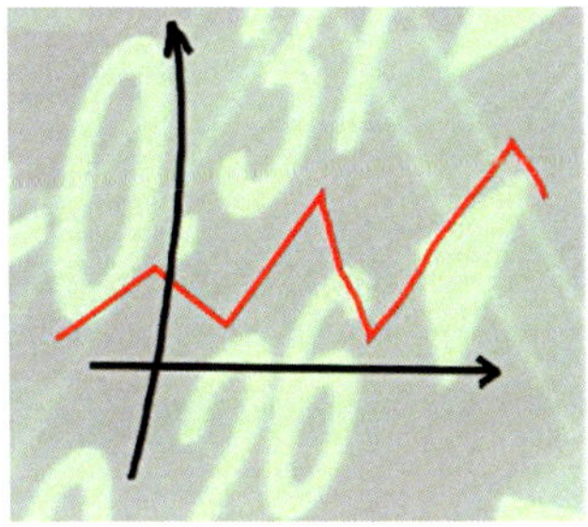

Herr Fichtner hat seine beiden Aktienpakete für insgesamt 630 € verkauft.

Bei dem einen Paket machte er einen Gewinn von 10% und bei dem anderen einen Verlust von 10%.

Insgesamt konnte er sich jedoch über einen Gewinn von 5% freuen.

Wie teuer waren jeweils die beiden Aktienpakete beim Kauf?

Schon gewusst, dass ...

... in jedem Viereck ein Parallelogramm steckt? Verbindet man die Mittelpunkte der Seiten eines beliebigen Vierecks reihum miteinander, dann ist das entstehende Viereck immer ein Parallelogramm.

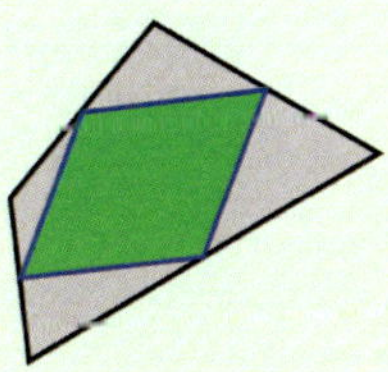

[44] Kugeln in der Würfelbox

In dieser Würfelbox wurden die vier Kugeln so platziert, dass sich in jeder Reihe, jeder Spalte und jeder Diagonalen genau eine Kugel befindet.

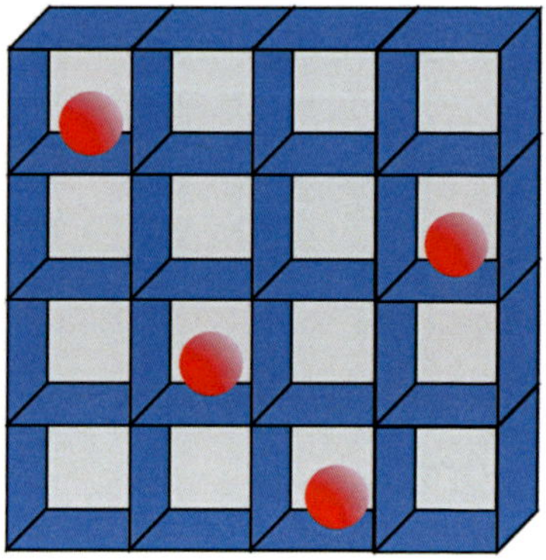

Wie viele Möglichkeiten gibt es für solch eine Verteilung?

Schon gewusst, dass ...

... das geflügelte Wort der „Quadratur des Kreises“ folgenden mathematischen Hintergrund hat? Hat man einen vorgegebenen Kreis mit einem bestimmten Flächeninhalt, dann ist es unmöglich, ein Quadrat zu zeichnen, das genau diesen Flächeninhalt besitzt.

Wenn jemand ein Problem zu lösen hat, und derjenige behauptet, es käme der Quadratur des Kreises gleich, dann wird dieses Problem gänzlich nicht zu lösen sein.

[45] Von New York nach New Jersey

Der PATH Train verbindet

New York City mit New Jersey.

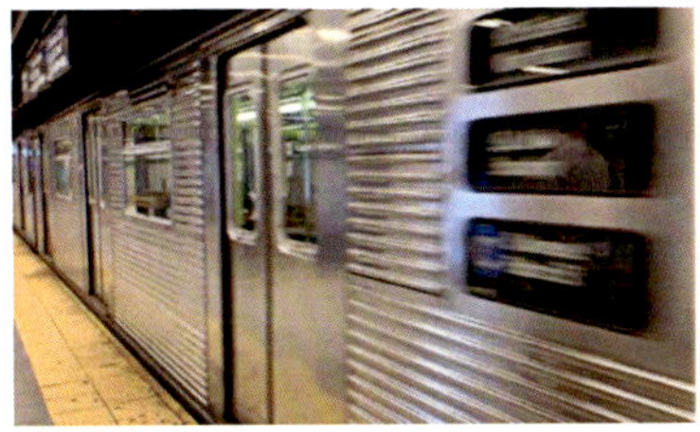

Die Streckenführung verläuft durch zwei Tunnel unter dem Hudson River.

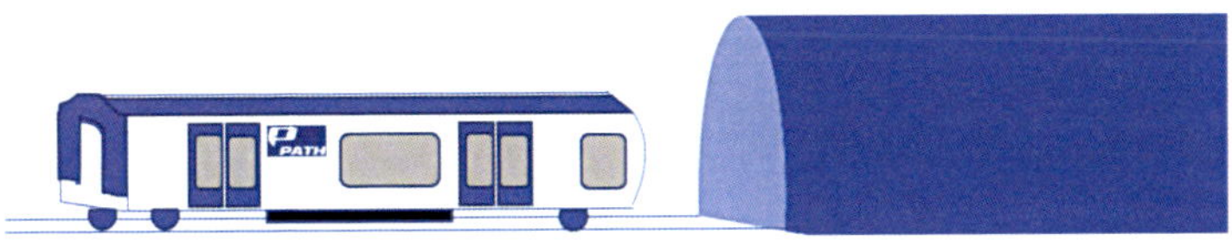

Ein 100 m langer Zug fährt mit einer Geschwindigkeit von 72 km/h in einen 1 km langen Tunnel ein.

Wie lange braucht der gesamte Zug, um den Tunnel zu passieren (bei gleichbleibender Geschwindigkeit)?

[46] Die Königsaufgabe

Es war einmal ein von der Mathematik begeisterter König, der eine Beraterin für seine noch ungelösten Aufgaben suchte.

Nach vielen Prüfungen war schließlich noch eine Bewerberin übrig geblieben. Dieser Bewerberin stellte der König eine letzte knifflige Aufgabe. Er überreichte ihr zwei leere Kisten und jeweils 10 rote und 10 grüne Kugeln.

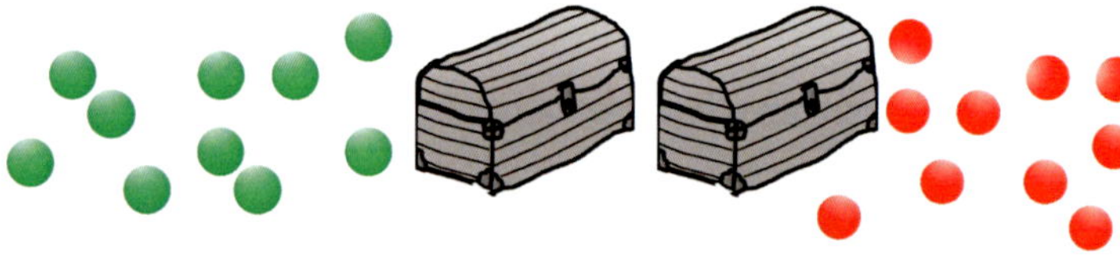

Die Bewerberin sollte nun die Kugeln nach Belieben auf die beiden Kisten verteilen. Am nächsten Tag musste sie eine der beiden Kisten auswählen, und aus der gewählten Kiste eine Kugel ziehen. Natürlich waren die beiden Kisten äußerlich nicht zu unterscheiden. Im Falle einer gezogenen grünen Kugel wäre ihre Bewerbung erfolgreich.

Wie muss die Bewerberin die Kugeln in den beiden Kisten verteilen, um eine möglichst große Bewerbungschance zu erreichen?

[47] Jonglieren mit Bällen und Zahlen

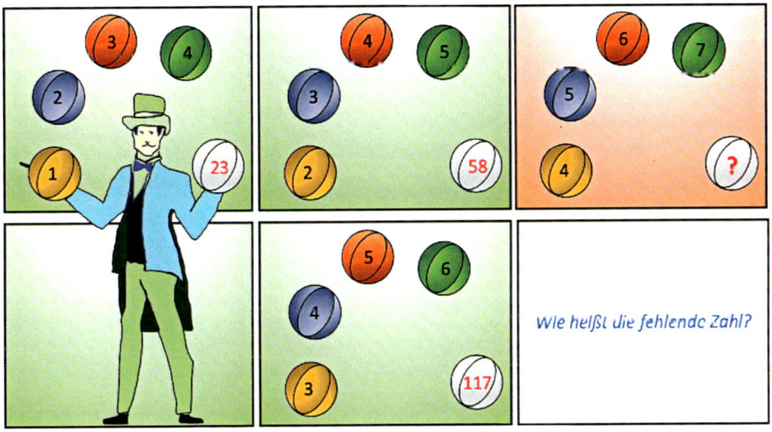

Die roten Zahlen auf den weißen Bällen sind nicht zufällig gewählt.

Schon gewusst, dass …

… der 20. amerikanische Präsident James A. Garfield einen der vielen Beweise für den Satz des Pythagoras lieferte?

[48] Herbst-Kirmes

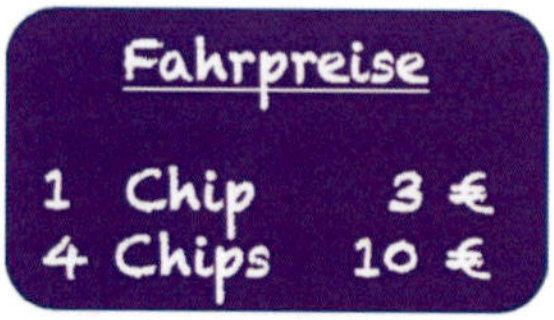

Eine Herbst-Kirmes gibt es in vielen Orten in Deutschland. Viele Menschen lieben das bunte Treiben.

Auf der Cranger Kirmes stellte ein Redakteur 40 Kindern im Alter von 10 bis 14 Jahren die folgende Frage: „Wie viel Geld hast Du in diesem Jahr auf der Kirmes ausgegeben?"

Die durchschnittlichen Ausgaben der 40 Befragten lagen exakt bei 65 €. Nachdem er die ersten 25 Kinder befragt hatte, lag der durchschnittliche Betrag bei genau 50 €.

Wie groß war der Durchschnittsbetrag der restlichen 15 Kinder?

[49] Drei Ziffern fehlen

6	7	8	?	?	?

Gesucht sind die drei fehlenden Ziffern der sechsstelligen Zahl. Diese Zahl soll durch 6, 7 und durch 8 teilbar sein, ohne dass ein Rest bleibt. Allerdings dürfen diese drei Ziffern, 6, 7 und 8, für die fehlenden Ziffern nicht verwendet werden!

Gibt es solch eine Zahl überhaupt? Und falls ja, wie heißt sie?

Schon gewusst, dass ...

... man ein regelmäßiges Sechseck mithilfe eines Zirkels auf eine sehr einfache Weise konstruieren kann? Man trägt den Radius des Kreises sechsmal auf der Kreislinie ab, verbindet die Punkte der Reihe nach und erhält das regelmäßige Sechseck.

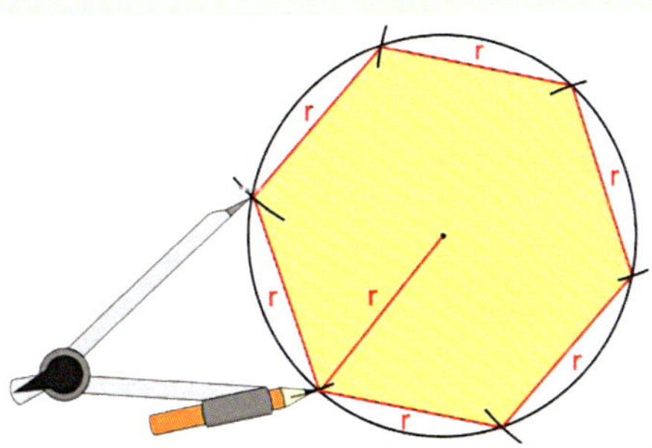

[50] Der sichere PIN-Code

Fast jeder kennt es: Man steht vor dem Geldautomaten und hat seinen PIN-Code vergessen.

Jonas hat einen Lösungsvorschlag:

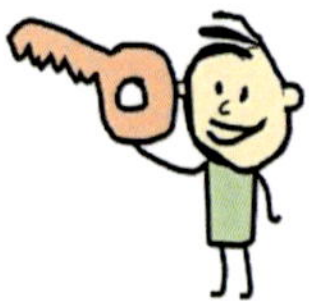

Er hat sich mit dem Geburtsdatum ein System überlegt, wie man den eigenen PIN-Code schnell wieder ins Gedächtnis holen kann.

Hier Beispiele für vier verschiedene Geburtstage:

25. Mai	25 * 5	=	341Ec
20. September	20 * 9	=	240Db
18. Oktober	18 *10	=	139La
16. Juli	16 * 7	=	534Ge
18. August	18 * 8	=	?

Jonas hat am 18. August Geburtstag.

Wie lautet der fünfstellige PIN-Code für diesen Tag?

[51] Dreiecke gesucht

Wie viele Dreiecke kann man in diesem Bild entdecken?

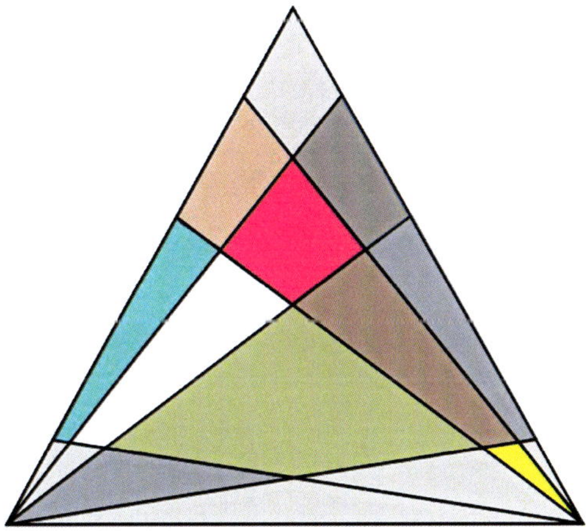

Schon gewusst, dass ...

... eine spezielle Addition von natürlichen Zahlen als Wert eine Quadratzahl liefert?

$1 = 1$ $\qquad 1^2$

$1 + 2 + 1 = 4$ $\qquad 2^2$

$1 + 2 + 3 + 2 + 1 = 9$ $\qquad 3^2$

$1 + 2 + 3 + 4 + 3 + 2 + 1 = 16$ $\qquad 4^2$

$1 + 2 + 3 + 4 + 5 + 4 + 3 + 2 + 1 = 25$ $\qquad 5^2$

$1 + 2 + 3 + 4 + 5 + 6 + 5 + 4 + 3 + 2 + 1 = 36$ $\qquad 6^2$

....

[52] Spiel mit zwei Würfeln

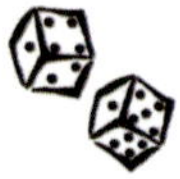

Vier Kinder versuchen die Mauer zu erklimmen.

Jedes der vier hat eine eigene Startposition mit eigenen Zahlenwerten.

Die Spielregeln:

Es wird mit zwei Würfeln gleichzeitig geworfen und die beiden Augenzahlen werden addiert.

Stimmt der Wert der Summe mit einer der Zahlen auf dem Startfeld überein, dann darf der Spieler oder die Spielerin ein Feld vorrücken.

Wer zuerst die Zielplattform erreicht, ist die Gewinnerin oder der Gewinner.

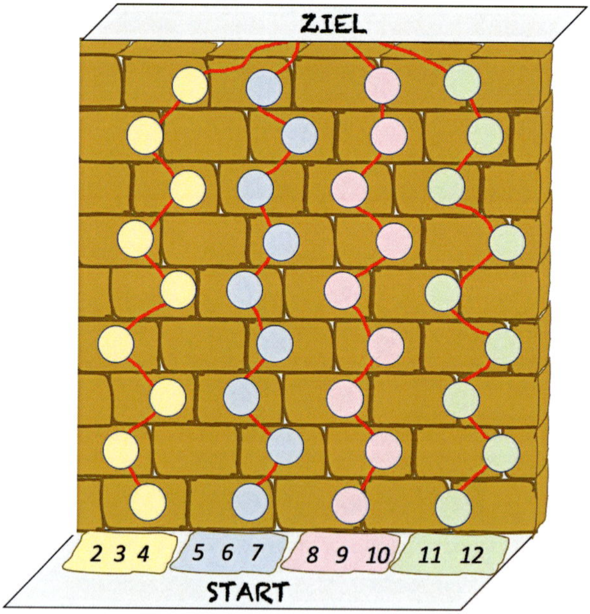

Welche der vier Startpositionen hat die größte Gewinnchance?

[53] Falsch programmiert?

Der kleine Roboter kann addieren, subtrahieren, multiplizieren und dividieren.

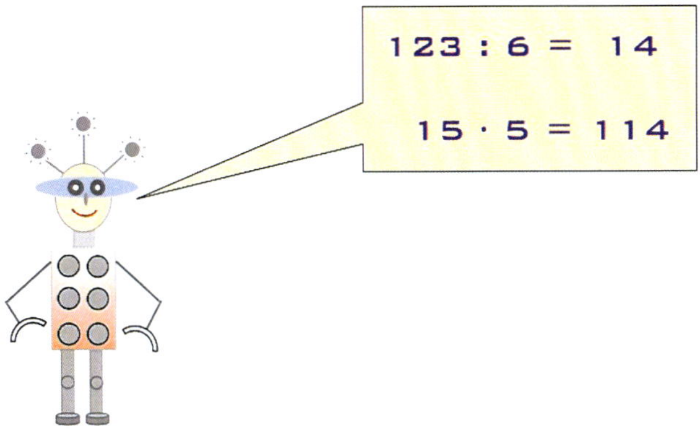

Wurde er falsch programmiert?

(Tipp: der kleine Roboter „denkt“ in einem anderen System. Was für ihn eine 14 ist für uns eine 11!)

Schon gewusst, dass ...

... jede Zahl, die man fünfmal miteinander multipliziert, die gleiche letzte Ziffer hat wie der Wert dieses Produktes? Zwei Beispiele:

$16^5 = 16 \cdot 16 \cdot 16 \cdot 16 \cdot 16 = 1\,048\,576$

$9^5 = 9 \cdot 9 \cdot 9 \cdot 9 \cdot 9 = 59\,049$

[54] Zu Besuch im Autokino

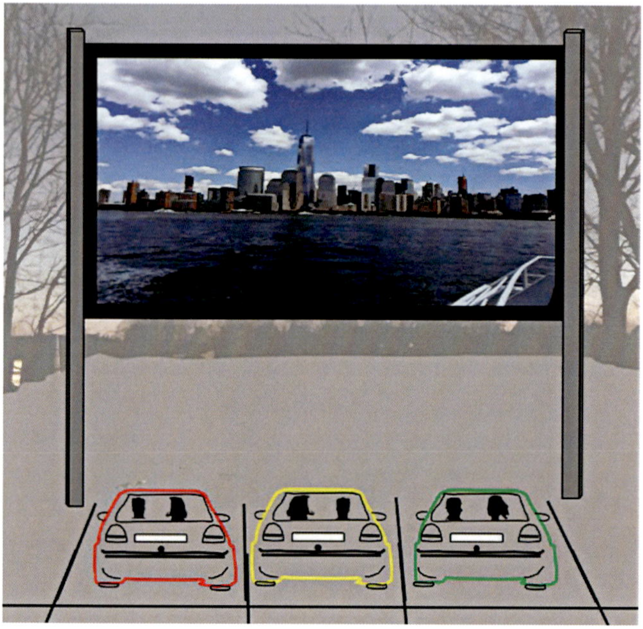

Drei befreundete Paare haben sich für Sonntag verabredet, um im Autokino einen Film anzuschauen Jedes Paar ist mit dem eigenen Auto da. Sie parken direkt nebeneinander.

Wie viele verschiedene Möglichkeiten gibt es für die drei Paare, in einer Reihe zu sitzen?

Jedes Paar blieb dabei im eigenen Auto und benutzt nur den Fahrer- und Beifahrersitz.

[55] Fröhliche Nachbarschaft

In diesen fünf Häusern wohnen insgesamt 30 Personen.

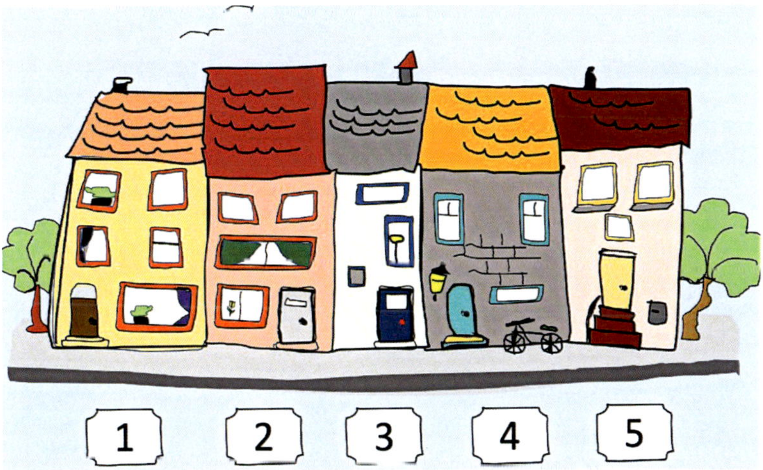

In Haus 5 wohnen doppelt so viele Personen wie in Haus 1.

In Haus 1 wiederum wohnen doppelt so viele Personen wie in Haus 4.

Im zweiten Haus wohnen so viele Personen wie in den beiden Häusern 1 und 3 zusammen.

Im fünften Haus wohnen so viele Personen wie im dritten und vierten Haus zusammen.

Wie viele Personen wohnen jeweils in den einzelnen Häusern?

[56] HOKUS POKUS FIDIBUS

In der Abbildung kann man von oben nach unten den Zauberspruch „HOKUS POKUS FIDIBUS“ auf verschiedenen Wegen lesen.

Der Zauberer zeigt ein Beispiel.

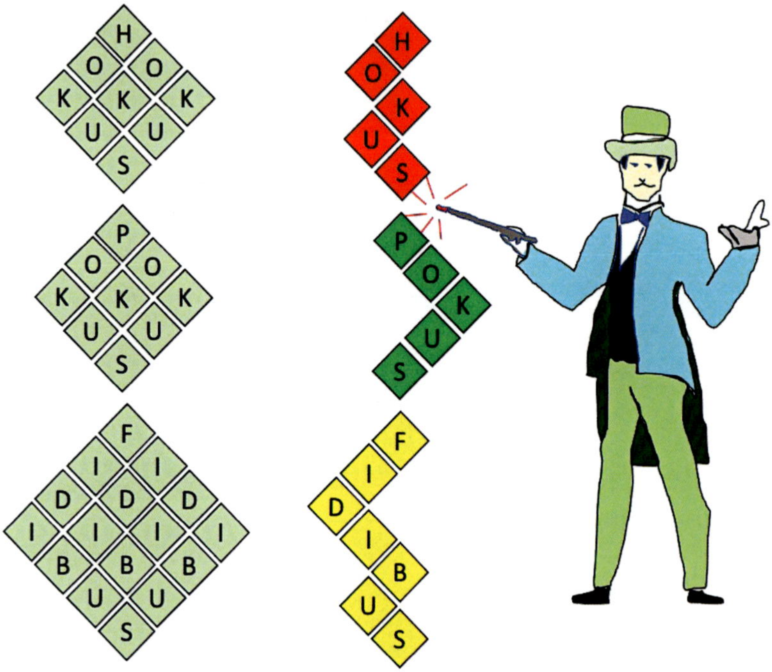

Wie viele solcher Wege gibt es?

Lösungen

[1] Magisch²

Lösung

20	14	18	3	10
1	7	21	11	25
24	17	13	9	2
4	15	5	19	22
16	12	8	23	6

Erklärung

Obwohl es verschiedene Möglichkeiten gibt, ist doch allen Lösungen die Tatsache gemeinsam, dass jeweils die Summenwerte der Spalten, Zeilen und Diagonalen 65 ergeben müssen.

Addiert man die Zahlen von 1 bis 25, ergibt sich der Summenwert 325.

Da man 5 Zeilen hat, bleibt für den Summenwert jeder Zeile der Wert 325 : 5 = 65.

Noch eine Vorüberlegung hätte die Knobelarbeit erleichtert: Je zwei gegenüberliegende Zahlen müssen stets den Summenwert 26 haben!

[2] Wie viele Zahlen lassen sich legen?

Lösung

Es gibt 39 Möglichkeiten für eine dreistellige Zahl.

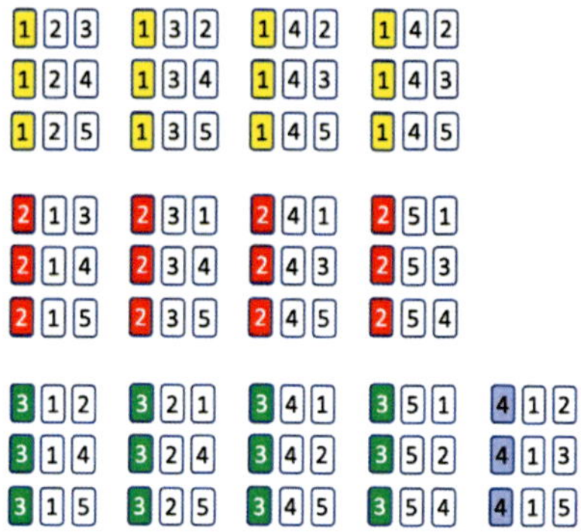

Erklärung

Da fünf verschiedene Karten zur Verfügung stehen, gibt es für die Hunderterziffer auch fünf verschiedene Möglichkeiten.

Für die Zehnerziffer stehen jetzt noch vier Karten zur Verfügung und danach für die Einerziffer nur noch drei Karten. Insgesamt gibt es für drei Karten $5 \cdot 4 \cdot 3 = 60$ Möglichkeiten.

Aber keine Zahl darf größer als 420 sein. Damit reduziert sich die Hunderterziffer auf nur vier Karten; insgesamt also auf

$$4 \cdot 4 \cdot 3 = 48.$$

Zusätzlich dürfen die Zahlen mit der Hunderterziffer 4 nicht die Zehnerziffer 2 haben. Dadurch fallen noch einmal

$1 \cdot 3 \cdot 3 = 9$ Möglichkeiten weg; es bleiben genau

$48 - 9 = 39$ Möglichkeiten übrig.

[3] Wie groß war das Jury-Team?

Lösung

Mindestens 4 Personen bildeten das Jury-Team.

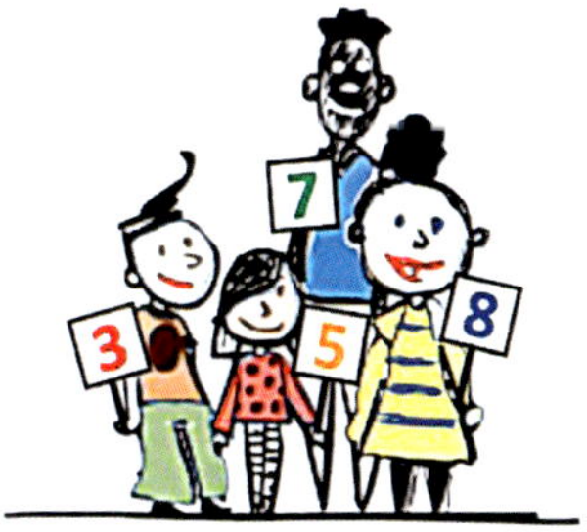

Erklärung

Den Durchschnittswert D (das arithmetische Mittel) erhält man, wenn man die folgende Rechnung durchführt:

Gesamtpunktzahl : Anzahl der Wertungsrichter = D

Um die Lösung zu meistern, muss man die erreichte Punktzahl 5,75 (also den Durchschnittswert D) mit der Anzahl der Wertungsrichter multiplizieren und das Ergebnis ist dann die Gesamtpunktzahl. Diese muss eine natürliche Zahl sein, denn es wurden ja nur volle Punkte von 1 bis 8 vergeben.

Die kleinste Zahl, bei der die Multiplikation als Wert eine natürliche Zahl wird, ist die 4; denn 5,75 mal 4 ergibt 23. Mindestens 4 Personen bildeten also das Jury-Team.

Leider kann man im Nachhinein nicht feststellen, wie die einzelnen Wertungsrichter gestimmt haben.

Eine mögliche Verteilung zeigen die Kinder in der Abbildung

[4] Fußballbundesliga

Lösung

Es gab 39 Unentschieden. (So geschehen im Jahr 2016)

Erklärung

Zunächst kann man berechnen, wie viele Spiele in einer Hinrunde stattfinden.

In der Bundesliga spielen 18 Mannschaften um die Meisterschaft. Da jede Mannschaft gegen jede spielen muss, sind es $18 \cdot 17$ Spiele, nämlich 306.

In der Hinrunde sind es also genau 153 Spiele (die Hälfte aller Spiele). Würde es kein Unentschieden geben, dann wäre die höchste erreichbare Punktzahl $153 \cdot 3 = 459$.

Endet ein Spiel unentschieden, dann erhalten beide Mannschaften jeweils einen Punkt. Bei jedem Spiel, das mit einem Unentschieden endet, wird also ein Punkt weniger vergeben als bei einem Sieg.

Zieht man die tatsächlich erreichte Punktzahl (420) von der maximal zu erreichenden Punktzahl (459) ab, erhält man die nicht vergebenen Punkte, nämlich 39. Und damit sind es auch 39 Spiele, die mit einem Unentschieden endeten.

$$459 - 420 = 39$$

[5] Verwandt mit Fibonacci

Lösung Die Abbildung zeigt die gesuchte Zahlenfolge; rot markiert sind die Zahlen, die zu ergänzen waren.

9	7	16	23	39	62	101	163	...

Erklärung

?	7	?	?	?	62	101	163	...
x	7	x + 7	x + 14	2x + 21	3x + 35			

Ersetzt man das erste Fragezeichen durch ein x, ergeben sich die weiteren Fragezeichen als Summen, wie es das Bildungsgesetz der Fibonacci-Folge vorschreibt.

Man erkennt, dass $3x + 35 = 62$. Die Zahl für x muss die 9 sein, um die Gleichung zu erfüllen.

Die anderen noch fehlenden Werte sind jetzt leicht zu bestimmen.

Schon gewusst, dass ...

... es bei der Teilbarkeit von natürlichen Zahlen durch 7 ein verblüffendes Phänomen gibt? Wählt man eine beliebige zweistellige Zahl und schreibt diese dreimal hintereinander, dann ist die entstandene sechsstellige Zahl immer durch 7 teilbar, ohne dass ein Rest bleibt.
Beispiel: 313 131 : 7 = 44 733

[6] Vier Waagen und ein Fragezeichen

Lösung

5 Kugeln sind so schwer wie der Würfel.

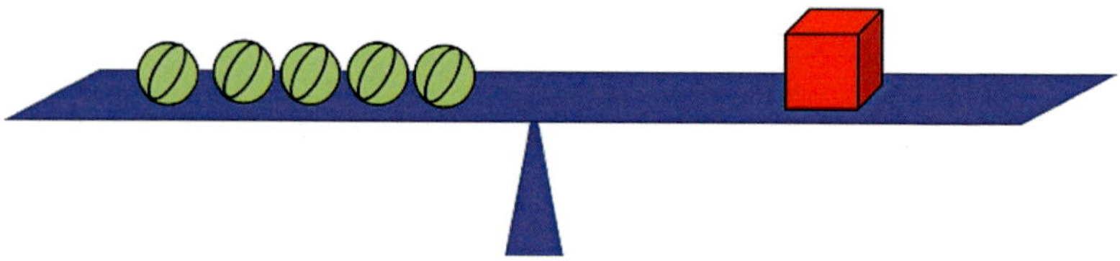

Erklärung

Es gibt viele Wege zur Lösung des Problems.

Man könnte zum Beispiel Zahlen für die einzelnen Körper einsetzten und überprüfen, ob sie mit den Vorgaben der drei Waagen übereinstimmen und sich so an die Lösung durch Probieren herantasten. Man erkennt sofort, dass der Würfel schwerer sein muss als der Quader und die Kugel; und der Zylinder muss wiederum leichter sein als der Quader.

Zwei ausführliche Lösungswege werden im Video gezeigt.

[7] Die Farben der Kugeln

Lösung

In der Schachtel befinden sich 7 rote, 6 gelbe und 7 grüne Kugeln.

Erklärung

Bedingung: Entnimmt man 15 von den 20 Kugeln, dann ist stets *mindestens* eine gelbe unter den gezogenen.

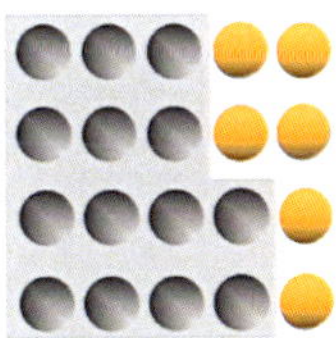

Schlussfolgerung: Von den 14 Kugeln kennt man die Farbe nicht. Nur dann, wenn die restlichen 6 Kugeln gelb sind, ist sicher, dass unter den 15 gezogenen mindestens 1 Kugel gelb ist.

Bedingung: Entnimmt man 14 von den 20 Kugeln, dann ist *mindestens* eine rote darunter, aber auch eine grüne.

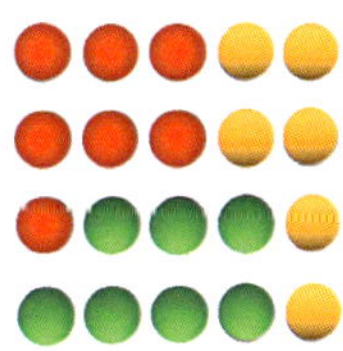

Schlussfolgerung: Nur dann, wenn sich 7 rote und 7 grüne Kugeln in der Schachtel befinden, ist die Bedingung erfüllt. Ganz gleich, welche der 14 Kugeln man dann entnimmt, es ist jetzt stets eine rote und eine grüne darunter.

6 gelbe + 7 rote = 13 Kugeln

Die 14. Kugel muss dann grün sein.

6 gelbe + 7 grüne = 13 Kugeln.

Die 14. Kugel muss dann rot sein.

[8] Sponsorenlauf

Lösung 1

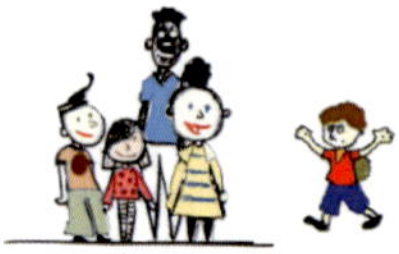

Insgesamt haben die fünf Kinder 171 € erlaufen.

Erklärung 1

1. Addiert man sämtliche erlaufene Beträge, ist der Summenwert 684 €. Allerdings wurden alle fünf Kinder mehrfach kombiniert; jedes Kind kommt in der Aufzählung genau viermal vor:

4 · Anna + 4 · Ben + 4 · Emil + 4 · Clara + 4 · David = 684 €

Dividiert man alle Werte durch 4, erhält man das Ergebnis:

Anna + Ben + Emil + Clara + David = 171 €

Lösung 2

Folgende Beträge hat jedes Kind einzeln erlaufen:

Ben 36 €, Anna 30 €, Clara 45 €, David 28 € und Emil 32 €.

Erklärung 2

Die Frage, wie viel Geld jedes einzelne Kind erlaufen hat, lässt sich nicht so leicht beantworten wie die Frage nach dem Gesamtbetrag. Hier ist geschicktes Kombinieren gefragt! So lässt sich z. B. aus den Summen von Anna und Ben; Anna und David und Ben und David schließen, dass Ben 36 € erlaufen hat. Hat man den Wert von einem Kind, dann sind die anderen Werte leicht zu bestimmen.

Eine ausführliche Erklärung zeigt das Video.

[9] Quadrominosteine

Lösung

Es gibt 24 verschiedene Färbungsmöglichkeiten.

Erklärung

Durch ein systematisches Ordnen gelingt die Lösung.

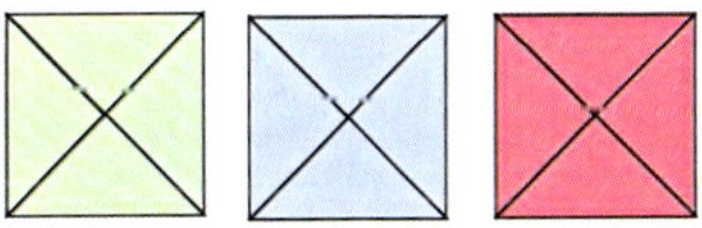

4 Dreiecke mit gleicher Farbe : **3 Möglichkeiten**

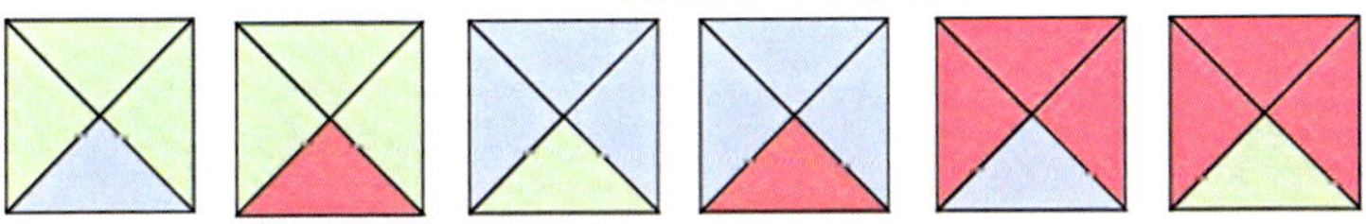

3 Dreiecke mit gleicher Farbe: **6 Möglichkeiten**

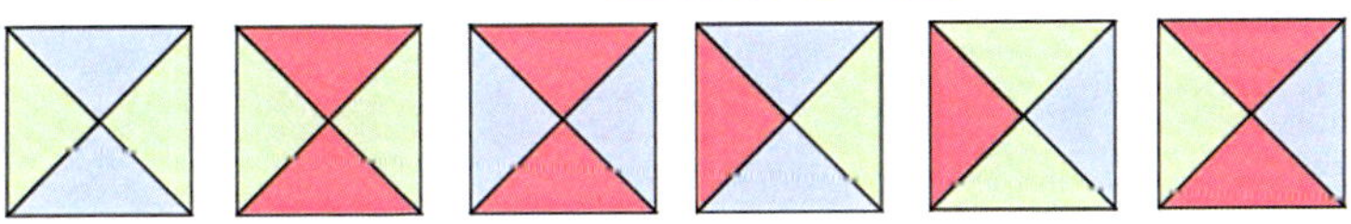

2 gegenüberliegende Dreiecke mit gleicher Farbe: **6 Möglichkeiten**

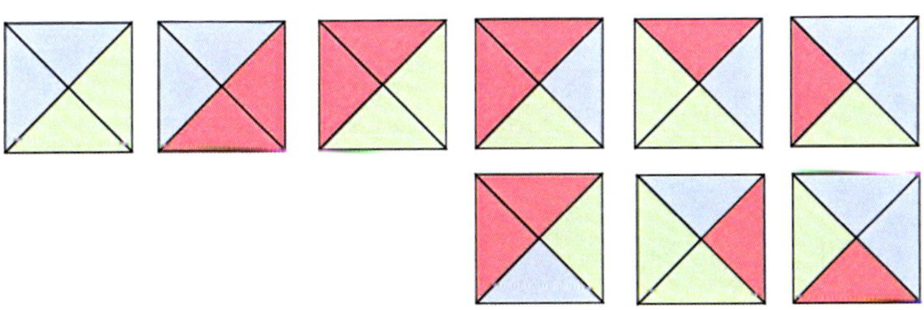

2 nebeneinanderliegende Dreiecke mit gleicher Farbe: **9 Möglichkeiten**

[10] 19 und 24

Lösung

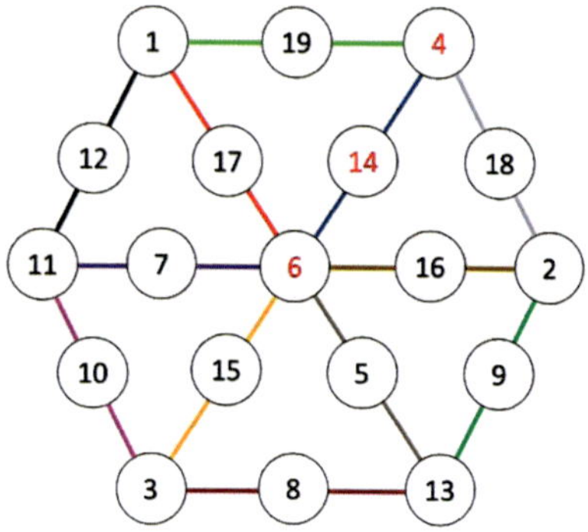

Erklärung

Hilfreich für die Lösung könnten die folgenden Überlegungen sein: Bildet man den Wert der Summe 24 aus drei Zahlen, wenn die Zahlen 1 bis 19 zur Verfügung stehen, dann gibt es genau 35 Möglichkeiten. Die Reihenfolge bleibt dabei unberücksichtigt.

Die 6 in der Mitte muss in sechs verschiedenen, die sechs Eckpunkte müssen jeweils in drei verschiedenen Summen vorkommen. Alle restliche zwölf Punkte sind nur in einer Verbindung vorhanden.

Die Verbindungen mit der Zahl 6 sind die folgenden sieben Summen: 1 + 6 + 17, 2 + 6 + 16, 3 + 6 + 15, 4 + 6 + 14, 5 + 6 + 13, 6 + 7 + 11

und 6 + 8 + 10. Man kann erkennen, dass die Zahlen 9, 12, 18 und 19 mit der 6 nicht in einer Summe erscheinen können. Mit diesen Zahlen kann man Felder auf der Außenlinie, die nicht mit der Zahl 6 verbunden sind, ausfüllen. Danach ergeben sich die restlichen Zahlen.

[11] Die versteckten Ostereier

Lösung

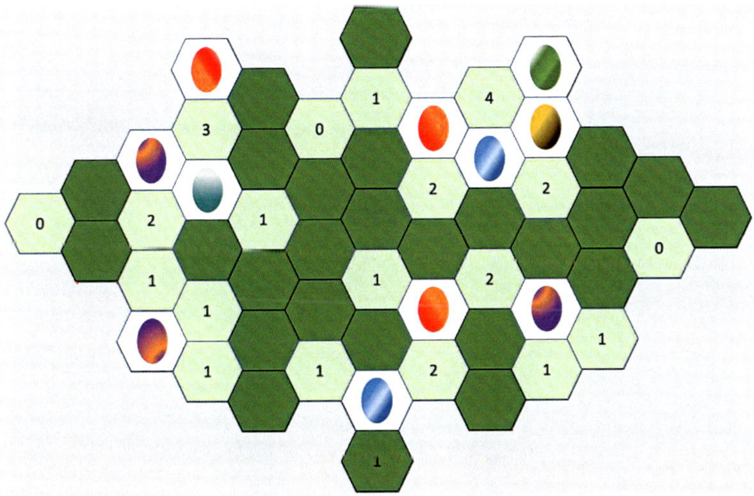

Erklärung

Eine gute Strategie ist es, zunächst die Felder zu markieren, von denen man sicher weiß, dass kein Ei darunter versteckt sein kann (hier dunkelgrün). Dies ist zum Beispiel bei den Feldern der Fall, die an das Feld mit der 0 grenzen. Danach kann man von Feld zu Feld entscheiden.

[12] Vernetzung

Lösung

Die Lösungszahl ist 144.

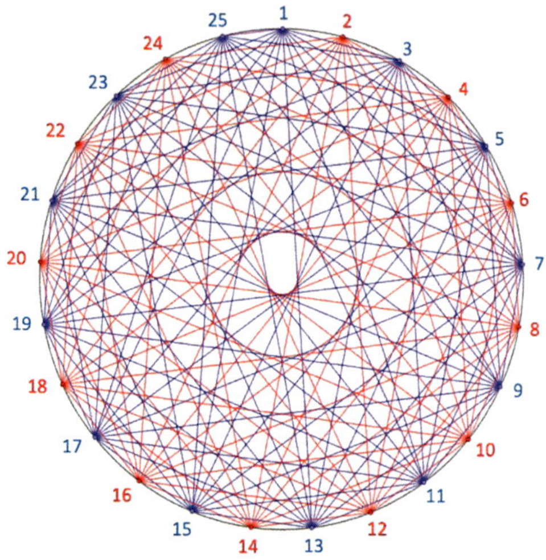

Erklärung

Unter den 25 Zahlen auf der Kreislinie sind 12 Zahlen gerade und 13 ungerade.

Verbindet man alle 12 geraden Zahlen miteinander, dann gibt es für jede genau 11 Verbindungsstrecken:

$$12 \cdot 11 = 132$$

Diese Zahl muss noch halbiert werden, da eine Verbindungsstrecke für zwei Punkte zählt: $132 : 2 = 66$.

Für die ungeraden Zahlen gilt:

$13 \cdot 12 = 156$ und $156 : 2 = 78$

$\Rightarrow 66 + 78 = 144$.

[13] Julias neue Pinnwand

Lösung 6 rote Nadeln.

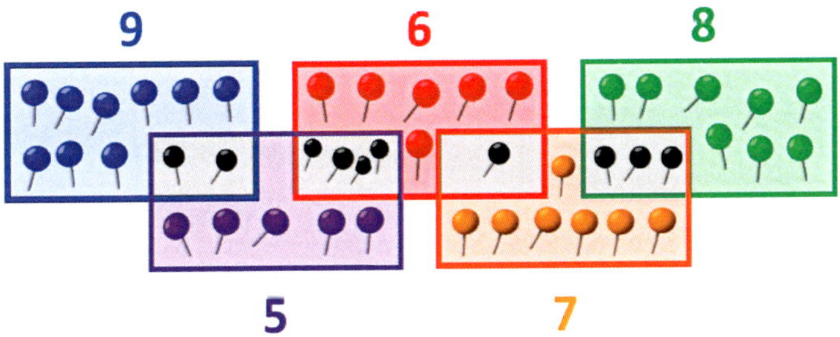

Erklärung

Bei fünf Rechtecken mit je 11 Nadeln wären 55 Nadeln zu verteilen. Da sich die Rechtecke aber überlappen und lediglich 45 Nadeln zu verteilen sind, müssen genau 10 schwarze Nadeln in den grauen sich überlappenden Feldern platziert werden. Für die Zahl 10 gibt es eine einzige Summe mit vier verschiedenen Summanden: 1 + 2 + 3 + 4.

Es verbleiben für die farbigen Flächenteile noch 35 Pinnnadeln. Auch die Zahl 35 lässt sich eindeutig in die Summe mit fünf verschiedenen Zahlen zerlegen: 9 + 8 + 7 + 6 + 5. Damit kennt man die jeweilige Anzahl der Pinnnadeln für die neun Felder.

Die Abbildung zeigt eine von mehreren Lösungsmöglichkeiten, wie man die farbigen Pinnnadeln passend auf die entsprechenden Farbfelder verteilen könnte. Aber ganz gleich wie dies auch geschieht, die Frage nach der Anzahl der roten Pinnnadeln lässt sich eindeutig beantworten: es müssen sechs rote Pinnnadeln sein.

[14] Linien im Quadrat

Lösung

Die Gesamtlänge aller Begrenzungslinien ist 60 cm.

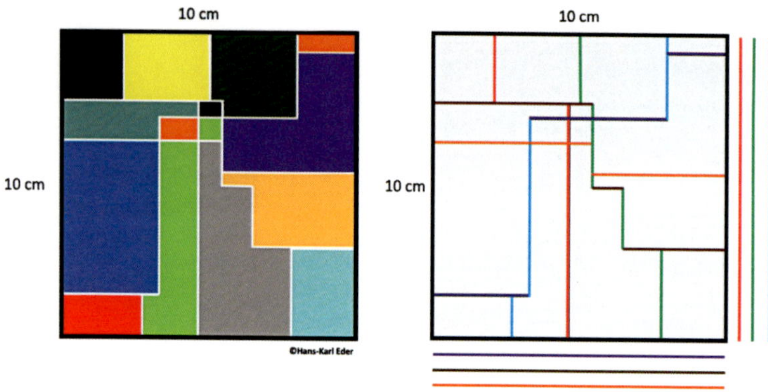

Erklärung

In der rechten Abbildung wurden die weißen Linien farblich eingezeichnet. Betrachtet man beispielsweise die beiden roten Teilstrecken, wird deutlich, dass diese zusammen 10 cm lang sind. Ebenso ist es bei den anderen farbgleichen Teilstrecken. Es entstehen genau drei horizontale und drei vertikale Linien, jeweils mit der Länge 10 cm. So sind die weißen Linien insgesamt $6 \cdot 10$ cm = 60 cm lang.

[15] Pentagon-Zahlen

Lösung

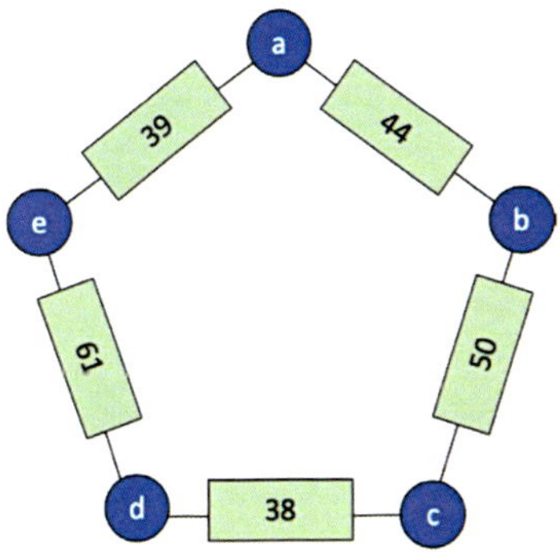

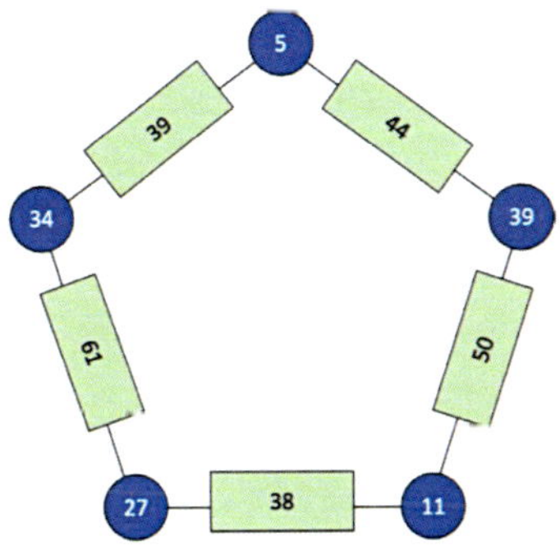

Erklärung

Man kennt die folgenden Gleichungen: $a + b = 44$, $b + c = 50$, $c + d = 38$, $d + e = 61$ und schließlich $a + e = 39$.

Nun kann man die Summen addieren und erhält die Gleichung

$$2a + 2b + 2c + 2d + 2e = 232.$$

Dann ist aber $a + b + c + d + e = 116$. Für $a + b$ kann man nun 44 und für $c + d$ den Wert 38 einsetzen und erhält die Gleichung $44 + 38 + e = 116$. Jetzt ist der Wert für e leicht zu bestimmen und damit auch die Werte für die restlichen vier gesuchten Zahlen.

[16] Ein Teil vom Parallelogramm

Lösung Die rote Fläche ist 2 cm^2 groß.

Erklärung Die Formel für den Flächeninhalt A eines Parallelogramms lautet: A = Grundseite · Höhe Zeichnet man in das Parallelogramm ein Dreieck, das dieselbe Grundseite und dieselbe Höhe besitzt wie das Parallelogramm, dann ist der Flächeninhalt des Dreiecks halb so groß wie der des Parallelogramms.

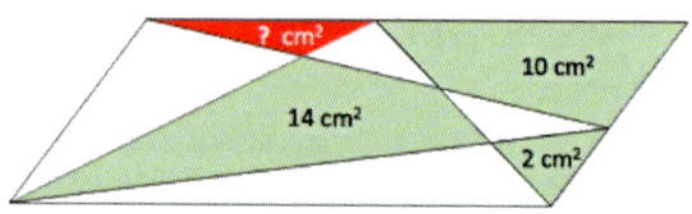

Die Ausgangsfigur mit acht Teilflächen.

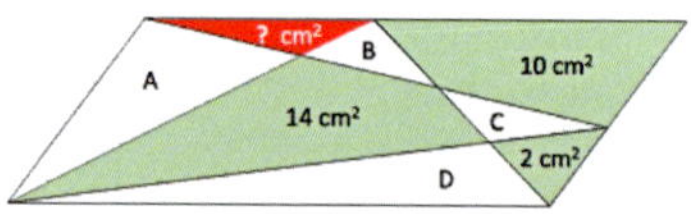

Die Flächenteile, deren Größen nicht bekannt sind, werden mit A, B, C und D bezeichnet.

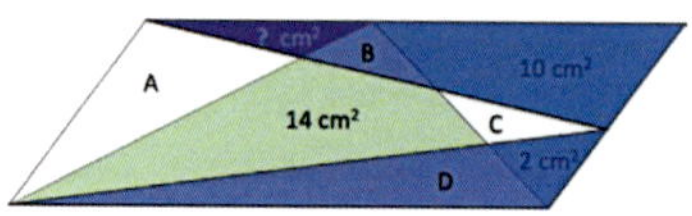

Die blaue Fläche überdeckt genau die Hälfte des Parallelogramms.

Die andere Hälfte besteht aus den Flächenteilen A + 14 + C.

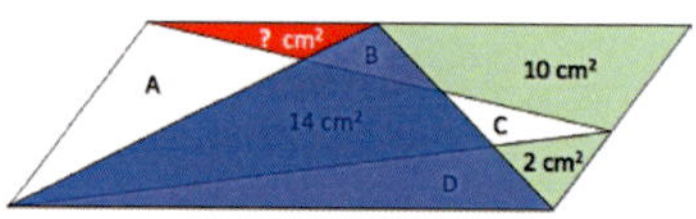

Diese blaue Fläche überdeckt ebenfalls genau die Hälfte des Parallelogramms. Die andere Hälfte besteht aus den Flächenteilen A + ? + 10 + C + 2

Es gilt daher die Gleichung A + 14 + C = A + ? + 10 + C + 2

$\Rightarrow$ 14 = ? + 10 + 2 $\quad\Rightarrow\quad$ 2 = ?

[17] Chancen beim Monopoly-Spiel

Lösung Die Chance, dass Ben auf Laras Grundstücken landet, ist ≈ 38,9%.

Erklärung Ben würfelt mit zwei Würfeln.

In der Tabelle sind die möglichen Würfelergebnisse eingetragen.

Es gibt $6 \cdot 6 = 36$ Möglichkeiten.

6	7	8	9	10	11	12
5	6	7	8	9	10	11
4	5	6	7	8	9	10
3	4	5	6	7	8	9
2	3	4	5	6	7	8
1	2	3	4	5	6	7
	1	2	3	4	5	6

Für die einzelnen Grundstücke gelten die hier abgebildeten Würfelsummen:

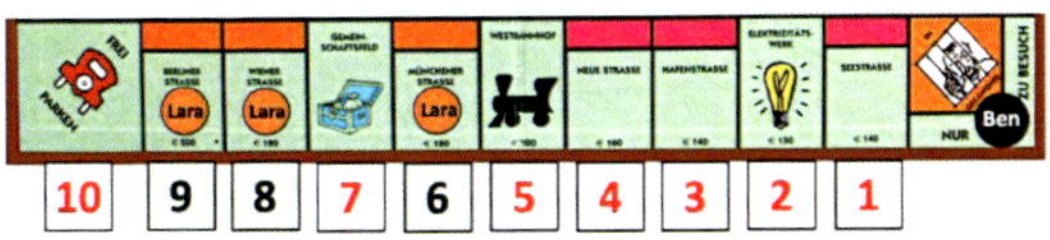

Um vom Gefängnis auf die Münchener Straße zu kommen, müsste Ben die Augensumme 6, um auf die Berliner Straße zu gelangen, müsste er die Augensumme 9 würfeln. Für die Wiener Straße benötigt er eine 8. Die 6 ist 5-mal, die 9 ist 4-mal und die 8 ist 5-mal möglich (siehe Tabelle unten).

Von den insgesamt 36 Möglichkeiten führen also 14 direkt auf eines von Laras Grundstücken.

14 von 36 Möglichkeiten $= \frac{14}{36} \approx 38{,}9\%$.

6	7	8	9	10	11	12
5	6	7	8	9	10	11
4	5	6	7	8	9	10
3	4	5	6	7	8	9
2	3	4	5	6	7	8
1	2	3	4	5	6	7
	1	2	3	4	5	6

[18] Die Wahrheit kommt ans Licht

Lösung 1 Nur die Aussage von Felix ist wahr. Alle anderen Aussagen sind falsch.

Erklärung 1 Betrachten wir einmal als Beispiel die Aussage von David. Er behauptet, dass vier der Aussagen in der Liste falsch seien. Hieraus folgt, dass dann die restlichen drei Aussagen wahr sein müssten. Dies steht aber im Widerspruch zu der Tatsache, dass lediglich eine Aussage wahr ist. Somit erweist sich die Behauptung von Felix als wahr. Die anderen sechs Behauptungen sind falsch.

Lösung 2 Würfel B kann kein Standardwürfel sein.

Erklärung 2 Bei einem Standardwürfel gilt, dass der Summenwert der sich gegenüberliegenden Seiten 7 ist.

Beim Würfel B haben die 1 und die 6 eine gemeinsame Kante; sie können sich also nicht gegenüberliegen.

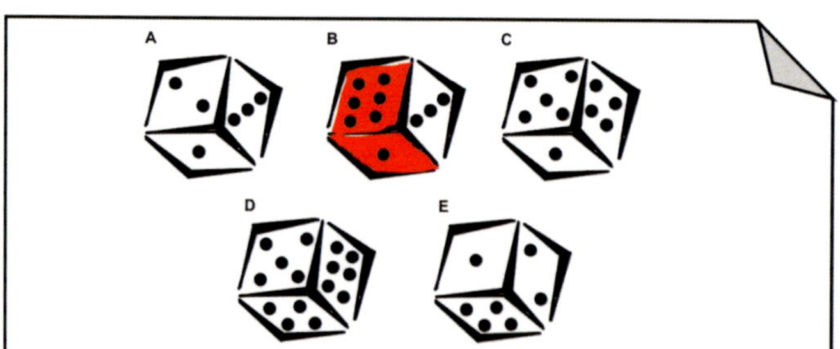

[19] Die Höhe des Dreiecks

Lösung

Das Dreieck hat eine Höhe von 8 cm.

Erklärung

Da die Fläche des Quadrats 16 cm^2 groß ist, muss eine Quadratseite 4 cm lang sein.

Die Grundseite des Dreiecks ist so lang wie die Quadratseite, genau 4 cm.

Zeichnet man wie in der Abbildung ein Rechteck um das Dreieck, dann entsteht eine Fläche, die doppelt so groß ist wie das Dreieck, nämlich 32 cm^2.

Das Rechteck ist 4 cm breit und so lang wie die Höhe des Dreiecks. Der Wert für den Flächeninhalt eines Rechtecks lässt sich berechnen, indem man die Länge mit der Breite multipliziert: $4 \cdot h = 32$.

Die Höhe beträgt also 8 cm.

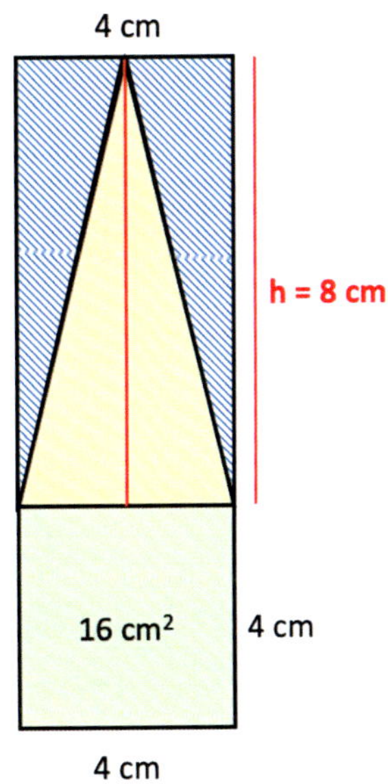

[20] Ergebnis bekannt

Lösung

$$
\begin{array}{r}
9\;6\;5 \\
+\;4\;1\;2 \\
+\;7\;8\;3 \\
\hline
2\;1\;6\;0
\end{array}
$$

$$9 + 6 + 5 = 20$$

$$4 + 1 + 2 = 7$$

$$7 + 8 + 3 = 18$$

Erklärung

Es gibt unterschiedliche Strategien, diese Aufgabe zu meistern. Eines der möglichen Ergebnisse zeigen die Grafiken.

Ein erster Zugang zur Lösung ist die Null im Ergebnis; hieraus kann man schließen, dass der Wert der Summe der Einerziffern 10 sein muss. Ebenso weiß man, dass für die zweite Zeile in der rechten Grafik der Wert 7 nur die Ziffern 4, 1 und 2 als Summe haben kann. Zusätzlich kann der Wert 9 als Hunderterziffer der oberen Zahl gesetzt werden, da die beiden Summenwerten 20 und 21 hohe Werte benötigen. So geht man Schritt für Schritt weiter . . .

Eine ausführliche Lösung zeigt das Video.

[21] Knifflige Entfernungen

Lösung

Anna und Christa wohnen 20 m voneinander entfernt.

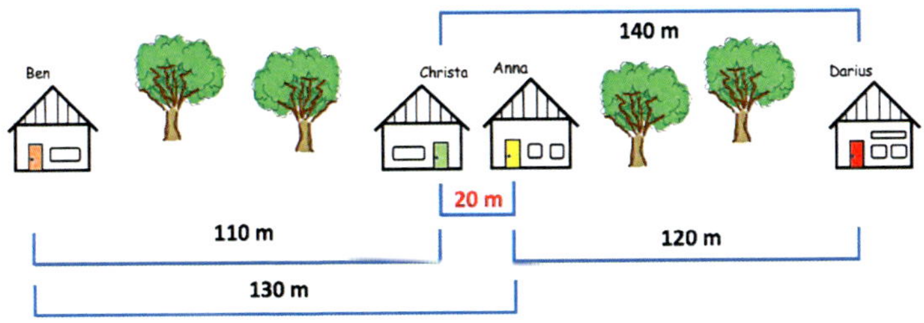

Erklärung

Es gibt insgesamt 24 verschiedene Möglichkeiten, die Häuser, in denen die Kinder wohnen, in eine Reihe zu stellen.

Nimmt man beispielsweise die Reihenfolge Anna, Ben, Christa und Darius, führen die gegebenen Streckenlängen zu einem Widerspruch.

Anna – Ben – Christa – Darius

130 m 110 m 140 m

Von Anna zu Darius wären es also 380 m. Dies kann aber nicht stimmen, da die Entfernung von Anna zu Darius lediglich 120 m betragen darf, wie es in der Aufgabe vorgegeben war. Alle Kombinationen ergeben ebenfalls einen Widerspruch, bis auf die in der Abbildung gezeigte Reihenfolge.

[22] Verschlüsselte Geburtstage

Lösung

Julian	5	5. 1.
Petra	132	22.6.
Paul	112	16.7.
Justus	64	8.8.
Marlene	165	15.11.
Ulla	228	19.12.

Philipp	180	20.9.
Udo	40	4.10.
Regina	16	8.2.
Matteo	68	17.4.
Lisa	33	11.3.
Marion	65	13.5.

Erklärung

Die einzelnen Schlüsselzahlen lassen sich in Faktoren schreiben. So gilt z. B. für die Schlüsselzahl von Lisa $33 = 3 \cdot 11$. Für den Geburtstag kommt dann nur der 3.11. oder der 11.3. in Frage. Bestimmt man für alle Schlüsselzahlen die möglichen Geburtstage, lassen sich daraus die Tage und Monate für jedes Kind eindeutig bestimmen.

Eine ausführliche Erläuterung wird im Video gezeigt.

[23] Mathematatik-Symbole

Lösung

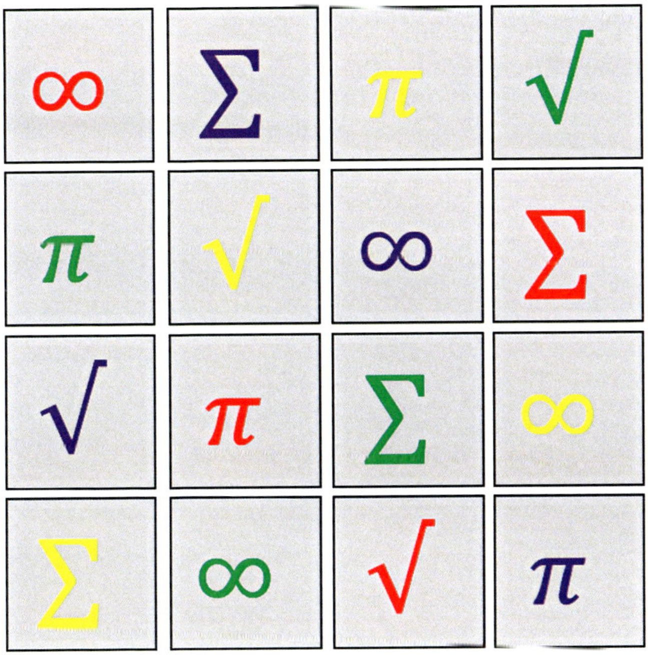

Erklärung

Das Bild zeigt eine der möglichen Verteilungen.

Das Problem, vier verschiedene Symbole mit je vier unterschiedlichen Farben in einem Quadrat mit 16 Feldern so unterzubringen, wie in der Aufgabe formuliert, ist in der Geschichte der Mathematik nicht unbekannt. Bereits Leonard Euler hat sich 1779 mit dieser kniffligen Frage beschäftigt.

[24] Der bunte Weihnachtsbaum

Lösung

Es gibt 28 verschiedenen Möglichkeiten.

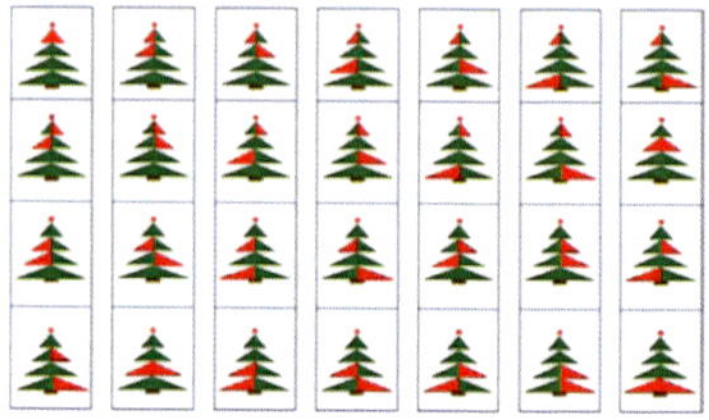

Erklärung

Es sind acht Dreiecke, von denen zwei nicht grün sein sollen. Für jedes der Dreiecke gibt es genau sieben Dreiecke, die anders gefärbt werden können. Multipliziert man die 8 mit der 7, erhält man 56 Möglichkeiten.

Diese Zahl muss allerdings noch durch 2 dividiert werden, da sonst die Paare doppelt gezählt würden. Die Abbildung zeigt alle 28 Möglichkeiten.

Die Lösung konnte „erknobelt" werden oder durch eine mathematische Formel, die den Namen „Binomialkoeffizient" trägt, gelöst werden:

$$\binom{8}{2} = \frac{8 \cdot 7}{2 \cdot 1} = 28 = 4 \cdot 7$$

Schon gewusst, dass ...

... der „Binomialkoeffizient" auch bei der Beantwortung der Frage hilft, wie viele Möglichkeiten es beim Lotto-Spiel „6 aus 49" gibt, sechs Zahlen richtig zu tippen?
Es sind 13.983.816 Möglichkeiten.

[25] Formensalat

Lösung

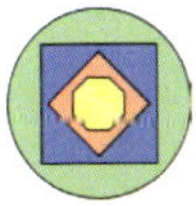

Erklärung

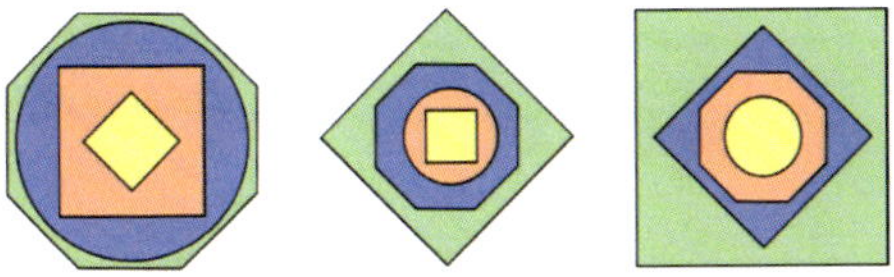

1 2 3

Jede der drei Figuren ist aus vier verschiedenen Formen (Achteck, Kreis und zwei Vierecke) mit jeweils unterschiedlicher Farbe und Größe zusammengesetzt.

Hier sind die 12 Teile tabellarisch aufgelistet.

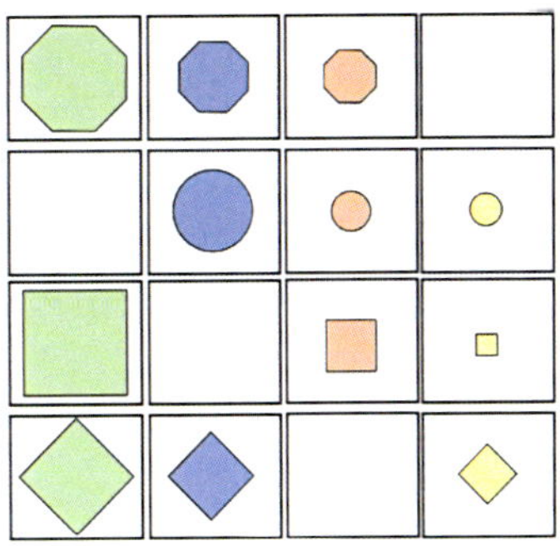

Die großen Formen sind jeweils grün, gefolgt von den blauen, rötlich gefärbten und schließlich den kleinsten gelben Versionen.

Für die vierte Figur fehlen diese vier Farben, Formen und Größen:

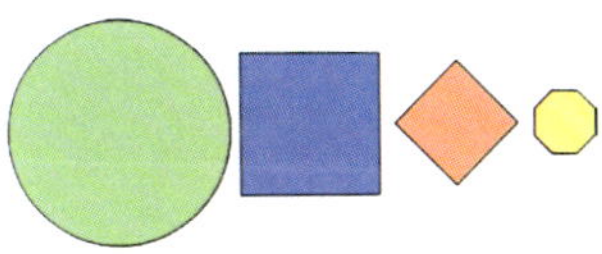

[26] Wasserverlust

Lösung

Aus 10 kg Gurken wurden 5 kg. (Kaum zu glauben, aber wahr!)

Erklärung

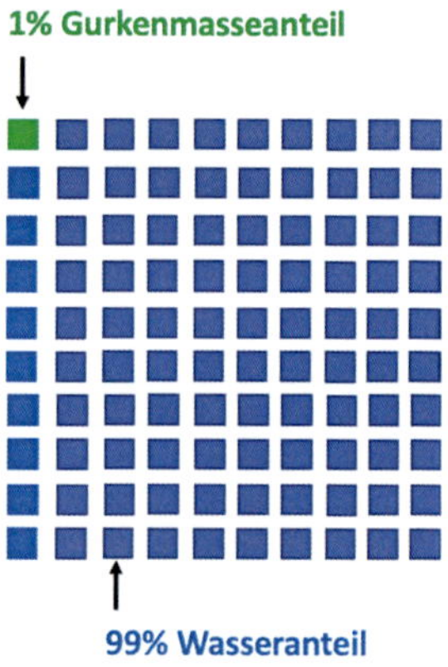

Die 10 kg Gurken bestanden also zu 99% aus Wasser. Das sind dann 9,9 kg Wasser. 0,1 kg Trockenmasse bleiben für die Gurken.

Dies entspricht 1% der Gesamtmasse.

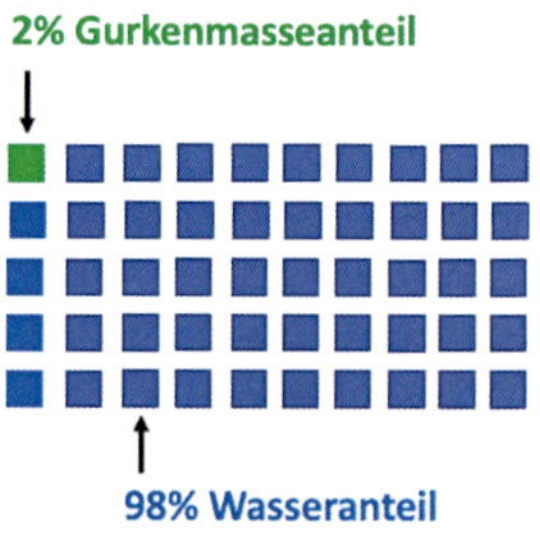

Am Abend ist der Anteil der Trockenmasse 100% - 98% = 2% der Gesamtmasse.

Diese 2% wiegen ja 0,1 kg, da die Trockenmasse nicht verdunstet ist.

Wenn 2% genau 0,1 kg = 100 g wiegen, dann wiegen 100% genau 50mal so viel, nämlich $50 \cdot 0{,}1$ kg = 5 kg.

[27] Die Lichtertafel „2 aus 25“

Lösung

Bei der optimal gewählten Strategie leuchten nach 15 Klicks die beiden grünen Quadrate ganz sicher.

Erklärung

Da die beiden grünen Quadrate eine Seite gemeinsam haben, ist es klug, die folgenden Quadrate zum Leuchten zu bringen:

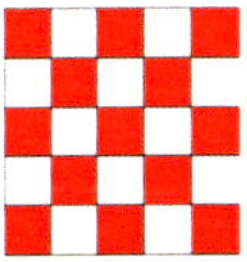

Eines dieser Felder muss dann nach 13 Klicks grün leuchten. Im ungünstigsten Fall das letzte angeklickte Feld:

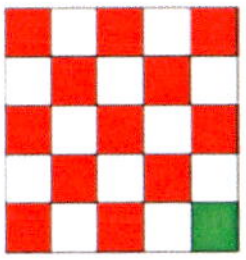

Jetzt gibt es noch zwei Möglichkeiten für das zweite grüne Quadrat:

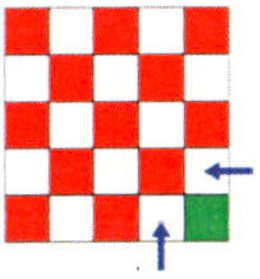

Es sind also 15 Klicks notwendig, um ganz sicher die beiden grünen Quadrate zum Leuchten zu bringen.

[28] Quadratzahlen

Lösung

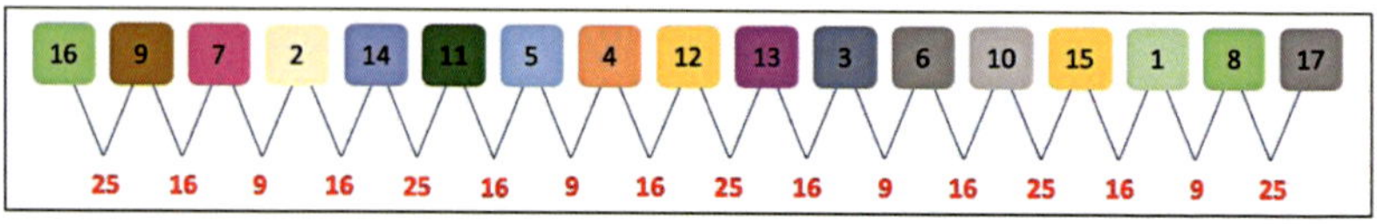

Erklärung

Zunächst kann man auflisten, welche zwei Zahlen als Summenwert eine Quadratzahl ergeben. Für die Zahl 3 gibt es zum Beispiel die Summen 3 + 1, 3 + 6 und 3 + 13.

Die beiden Zahlen 16 und 17 können jeweils nur mit einem Wert eine Quadratzahl bilden. Also müssen diese beiden Zahlen den Start- bzw. Endpunkt der Zahlenreihe bilden. Der Rest ist ein wenig Knobelarbeit.

Schon gewusst, dass ...

... ein Gegenbeispiel ausreicht, um die Allgemeingültigkeit einer Behauptung zu widerlegen? Behauptung: Multipliziert man zwei aufeinanderfolgende natürliche Zahlen miteinander und addiert zu dem Produktwert die Zahl 17, ist das Ergebnis stets eine Primzahl.
$1 \cdot 2 + 17 = 19$; $2 \cdot 3 + 17 = 23$; $3 \cdot 4 + 17 = 29$;
$4 \cdot 5 + 17 = 37$; $5 \cdot 6 + 17 = 47$; $6 \cdot 7 + 17 = 59$; ...
Gegenbeispiel: $16 \cdot 17 + 17 = 289$
289 ist keine Primzahl. Die Behauptung ist falsch.

[29] Wie alt ist Herr Fichtner?

Lösung

Herr Fichtner wurde im Jahre 1980 geboren und ist im August 2020 45 Jahre alt.

Erklärung

Herr Fichtner behauptet:

„Im Jahre x^2 werde ich x Jahre alt sein!“

Da Herr Fichtner im Jahr 2020 lebt, kann man die Lösung folgendermaßen meistern.

Für die Zahl 2020 gilt: $\sqrt{2020} \approx 44{,}9$.

$44^2 = 1936$ und $45^2 = 2025$ und $46^2 = 2116$

Nur die Quadratzahl 2025 kommt für die Lösung in Betracht. Herr Fichtner wäre im Jahr 2025 genau 45 Jahre alt und sein Geburtsjahr ist dann 1980, denn 2025 45 − 1980

Das Jahr 1936 kommt nicht in Frage, da Herr Fichtner dann im Jahr 1892 geboren sein müsste.

Ebenso kann es nicht das Jahr 2116 sein. Er wäre dann im Jahr 2070 46 Jahre alt, was ja unmöglich ist, wenn er im Jahr 2020 lebt.

[30] Nachbarschaftshilfe

Lösung

Herr Fichtner bekam 4 Äpfel und die Nachbarin behielt 20 Äpfel.

Erklärung

Die Aufgabe lässt sich sehr leicht durch Abschätzen lösen. Nehmen wir einmal an, dass Herr Fichtner 5 Äpfel bekommt, dann behält die Nachbarin 20 Äpfel. 5 von 20 wäre aber $\frac{1}{4}$.

Es müssen also weniger sein; und schon ist man bei 4 von 20, und das entspricht genau einem Fünftel.

Es geht auch mathematisch formell:

Die Nachbarin behält x Äpfel und Herr Fichtner bekommt $\frac{1}{5}$ dieser x Äpfel, nämlich $\frac{1}{5}$x.

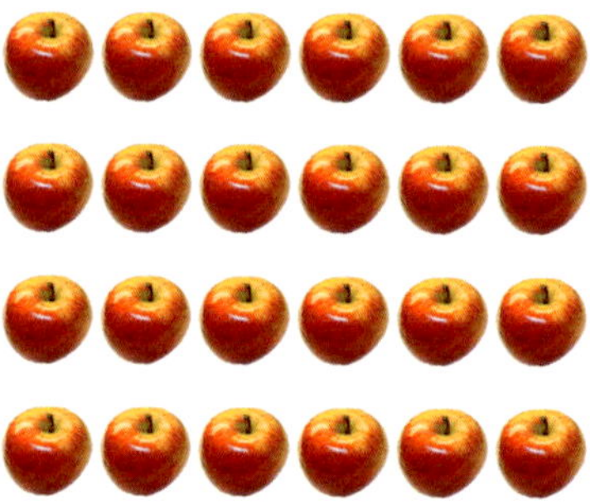

$$x + \frac{1}{5}x = \frac{6}{5}x$$

$$\frac{6}{5}x = 24 \text{ Äpfel}$$

$$x = 20 \text{ Äpfel}$$

[31] Rote und blaue Kugeln

Lösung

Er hat 100 rote Kugeln aus der Kiste genommen.

Erklärung

1% der Kugeln in der Kiste ist blau. 1% von 200 Kugeln entsprechen 2 Kugeln.

Wenn 2% der Kugeln in der Kiste blau sein sollen, dann müssen 2 von 100 Kugeln blau sein, denn 2 von 100 bedeutet ja 2%. Johann muss also 100 rote Kugeln herausnehmen. Es sind dann 98 rote und die beiden blauen Kugeln in der Kiste.

Schon gewusst, dass ...

... man ein Blatt Papier nur 19mal falten muss, um die Höhe des 300 m hohen Eiffelturms in Paris zu übertreffen?
Beginnen wir mit dem Falten eines 1 mm dicken Papiers, dann erreichen wir nach dem 1. Falten eine Höhe von 2 mm, dann 4 mm; 8 mm; 16 mm, 32 mm; 64 mm; 128 mm; 25,6 cm; 51,2 cm; 1,02 m; 2,05 m; 4,1 m; 8,2 m; 16,4 m; 32,8 m; 65,6 m; 131,1 m; 262,1 m; 524,3 m . . .
Leider gelingt das Falten in der Praxis allerdings höchstens 7 bis 12mal.
Einfach mal ausprobieren!

[32] Der Platz der 12

Lösung

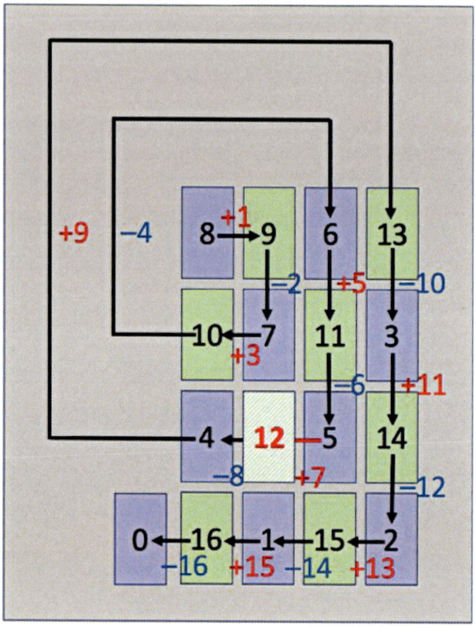

Erklärung

Wie man in der Abb. sieht, startet ein Weg bei der Karte 8 oben links und endet bei der 0 unten links. Folgt man diesem Weg, dann entsteht die folgende Zahlenfolge:

8, 9, 7, 10, 6, 11, 5, 12, 4, 13, 3, 14, 2, 15, 1, 16, 0

Dem Aufbau liegt das folgende Schema zugrunde:

+1, −2, +3, −4, +5, −6, +7, −8, +9, −10, +11, −12, +13, −14, +15, −16

Darum hat die 12 dort ihren Platz und dies ist auch der Grund für die jeweilige Platzierung der anderen Zahlen.

[33] Bunte Decken

Lösung

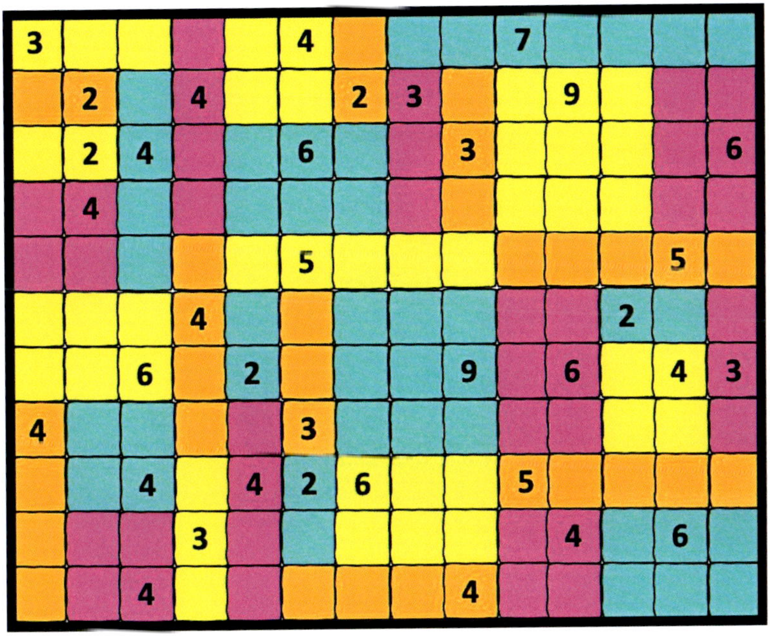

Erklärung

Es gibt viele Wege, die zur Lösung führen. Ein guter Einstieg ist das Sechserfeld unten rechts. Schnell ist zu erkennen, dass man an Grenzen stößt, wenn die Farben anders gesetzt werden, als dies in der Lösung zu sehen ist. Bei der drei oben links kann die Farbe nur waagerecht nach rechts verteilt werden. Auch bei der zwei in der dritten Zeile von unten gibt es nur die eingezeichnete Möglichkeit. Auf diese Weise tastet man sich weiter vor, bis alle Felder mit Farben ausgefüllt sind.

[34] Streckenlängen

Lösung Der Weg von Marie ist länger als der von Jovan.

Erklärung

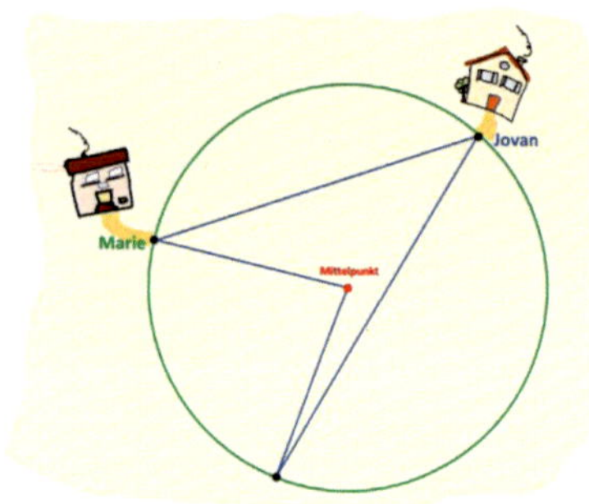

Der Weg von Marie ist so lang wie der Umfang des Kreises. Der Umfang eines Kreises ist etwas mehr als dreimal so lang wie der Durchmesser des Kreises. Die Formel für den Umfang u des Kreises lautet $u = \pi \cdot d$ und $\pi \approx 3{,}14$.

Jovan läuft die blauen Strecken:

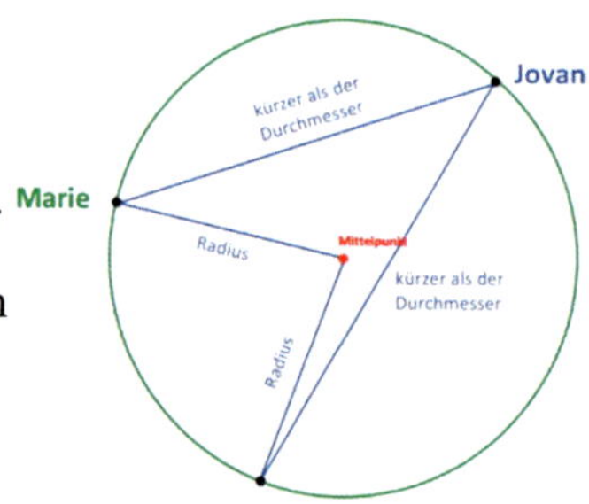

Die beiden kürzeren Strecken sind zusammen so lang wie der Durchmesser des Kreises: $2 \cdot r = d$. Die beiden längeren Strecken sind auf jeden Fall beide kürzer als der Durchmesser, denn sie verlaufen nicht durch den Mittelpunkt des Kreises.

Insgesamt ist Jovans Weg also kürzer als dreimal der Durchmesser des Kreises.

[35] Preis gesucht

Lösung

Der gesuchte Preis ist 35,50 €.

Erklärung

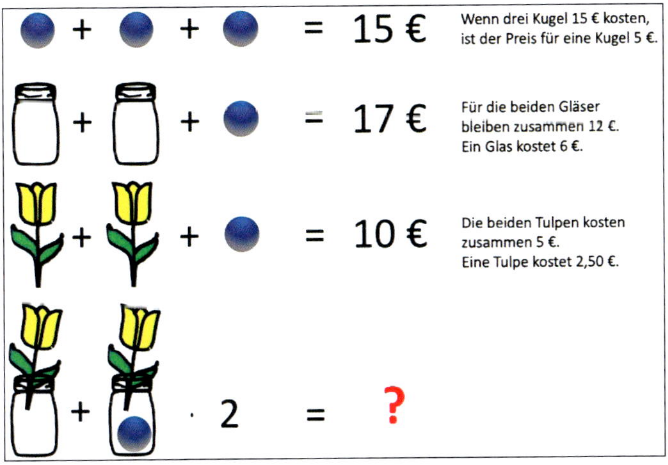

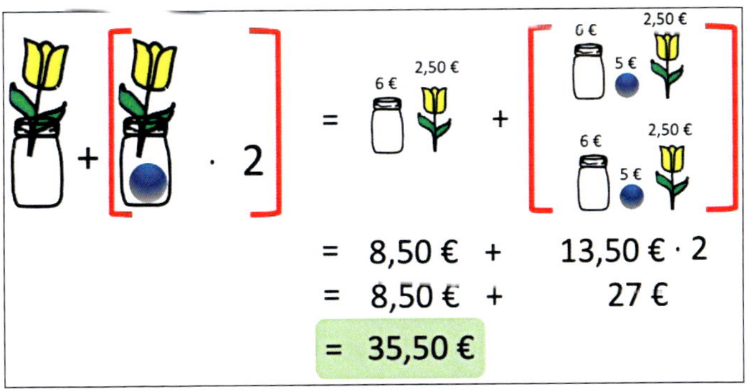

[36] Ein „geometrisches“ Zahlenrätsel

Lösung

Die Lösungszahl lautet 10.

Erklärung

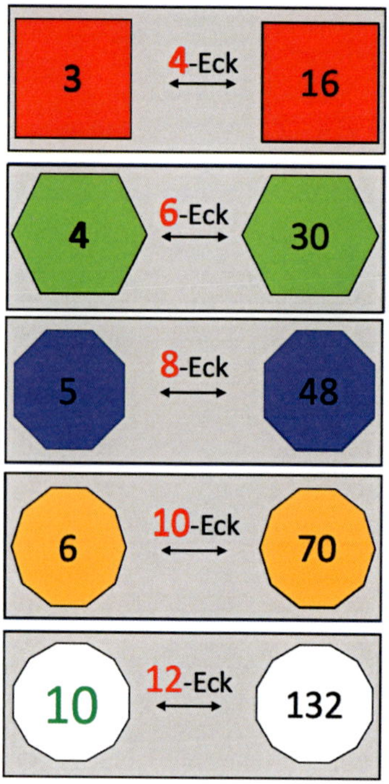

Ein möglicher Schlüssel zur Lösung der Aufgabe war der Hinweis, dass es sich um ein „geometrisches“ Zahlenrätsel handelt.

Die Abbildung zeigt ein 4-Eck, 6-Eck, 8-Eck, 10-Eck und ein 12-Eck.

Multipliziert man diese Eckenzahl mit der Zahl in dem jeweiligen forderen Vieleck und addiert noch einmal die Eckenzahl, dann erhält man als Wert die zugeordnete Zahl im hinteren Vieleck.

Diese Gleichung wird nur erfüllt, wenn für das Fragezeichen die Zahl 10 eingesetzt wird: $? \cdot 12 + 12 = 132$

[37] Das Jahr 2020

Lösung

Eine von vielen Lösungen lautet:

$$7 \cdot 8 \cdot 9 \cdot 4 + 5 - 1 + 2 \cdot 3 - 6 = 2020$$

Erklärung

Strategisch ratsam ist es, sich durch Multiplikation von Zahlen – im Beispiel die sieben, acht, neun und vier – der Zahl 2020 zu nähern. Das Ergebnis hier lautet 2016. Danach ist es dann nicht mehr schwierig, die fünf verbleibenden Zahlen so zu verknüpfen, dass sich am Ende der Wert 2020 ergibt.

Hier eine Lösung, bei der sogar die Reihenfolge der Zahlen von eins bis neun erhalten bleibt:

$$-1 + 2 + 3 + 4 \cdot (-5 + 6) \cdot 7 \cdot 8 \cdot 9 = 2020$$

Schon gewusst, dass ...

... alle Quadratzahlen von ungeraden natürlichen Zahlen ($1^2, 3^2, 5^2, 7^2, 9^2, 11^2, 13^2, 15^2, \ldots$) beim Dividieren durch 8 den Rest 1 haben?

Beispiele: $7^2 = 49$ und $49 : 8 = 6$ Rest 1

$21^2 = 441$ und $441 : 8 = 55$ Rest 1

$113^2 = 12\,769$ und $12\,769 : 8 = 1\,596$ Rest 1

. . .

[38] Fortsetzung folgt . . .

A

Lösung

6 8 10 14 22 26 34 38 46 58 62 74

Erklärung

Die stets größer werdenden Zahlen der Zahlenreihe haben zwei Eigenschaften:

Die Zahlen der Reihe haben alle genau vier Teiler. Ein Teiler von den vieren ist immer die 2.

Beispiele: 34 hat die folgenden Teiler: 1, 2, 17, 34

62 hat die folgenden Teiler: 1, 2, 31, 62

B

Lösung

14 17 50 25 29 85 89 145 42 20 4 16

Erklärung

Nimmt man jeweils die Ziffern der Zahl zum Quadrat und addiert diese beiden Werte, dann erhält man die nächste Zahl der Folge.

Beispiele: $17 \rightarrow 1^2 + 7^2 = 50$

$85 \rightarrow 8^2 + 5^2 = 89$

$42 \rightarrow 4^2 + 2^2 = 20$

[39] Flächeninhalt gesucht

Lösung

Die sichtbare gelbe Fläche ist 50 cm^2 groß.

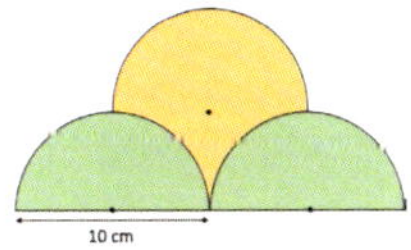

Erklärung

Das hier eingezeichnete Rechteck hat die Seitenlängen 5 cm und 10 cm.

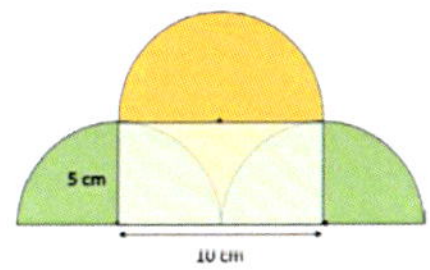

Die beiden Viertelkreise in dem Rechteck haben zusammen dieselbe Flächengröße wie der obere Halbkreis.

Die gelbe Restfläche passt genau in das Rechteck.

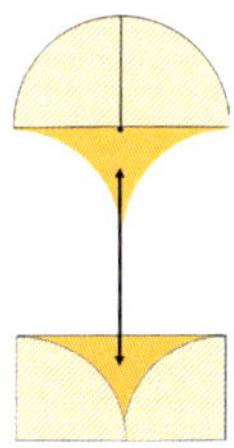

Es hat also die gleiche Flächengröße wie die gelbe sichtbare Fläche der Ausgangsfigur, nämlich 50 cm^2.

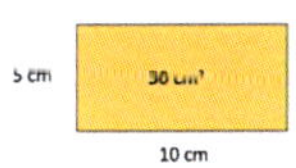

Formeln und die Zahl Pi mussten nicht bemüht werden!

[40] Verschlüsselung

Lösung

Die gesuchte Zahl ist die 3.

Erklärung

Um diese Codierung zu entschlüsseln, bedurfte es einer unkonventionellen Herangehensweise.

Nicht die Zahl, sondern das Zahlwort ist für die Lösung bedeutsam. Gesucht war die Anzahl der Buchstaben des Zahlwortes.

5	4	fünf
30	7	dreißig
12	5	zwölf
7	6	sieben
11	3	elf

Aber Vorsicht! Besonders sicher ist diese Verschlüsselung nicht.

[41] Logische Ergänzung

Lösung

Diese Figur ersetzt das Fragezeichen.

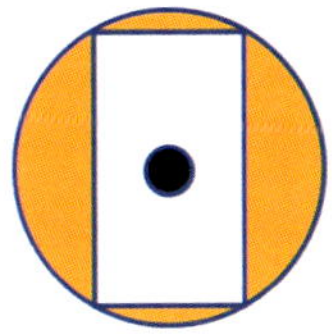

Erklärung

Die drei kleinen Kreise links in der 1. Spalte (rot markiert) wandern alle einen Schritt nach rechts.

Es entsteht die 2. Spalte.

Die drei kleinen Kreise rechts in der 2. Spalte (grün markiert) wandern ebenfalls alle einen Schritt nach rechts und verschwinden aus dem Bild.

Es entsteht die 3. Spalte.

Somit ersetzt die oben angegebene Figur das Fragezeichen.

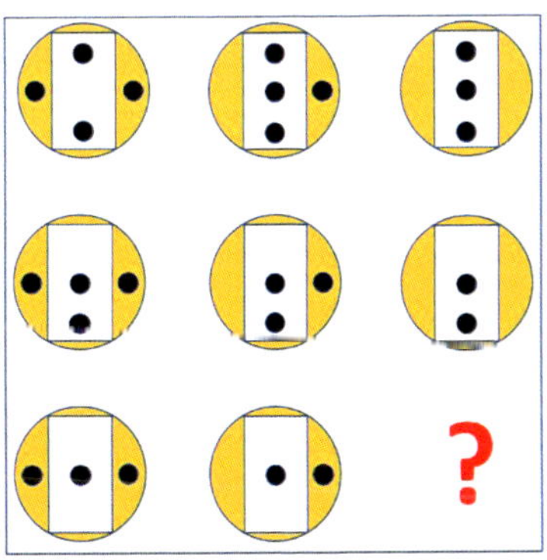

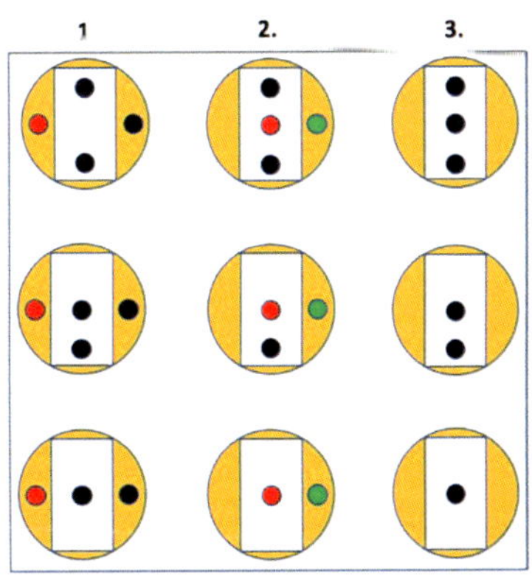

[42] Der „Schlüssel“ zum Erfolg

Lösung

Die zweite Behauptung ist wahr, und der „Schlüssel“ zum Erfolg befindet sich hinter der blauen Tür.

Erklärung

Da die Aussagen A und B alle Möglichkeiten für den „Schlüssel“ benennen, muss entweder die Aussage A oder die Aussage B wahr sein.

Daraus folgt, dass die Aussagen 3 und 4 zwingend falsch sein müssen, denn entweder A oder B sind ja schon als wahr erkannt.

Die Aussage D ist aber nur dann falsch, wenn der „Schlüssel“ sich doch hinter der blauen Tür befindet.

Damit ist die Lösung gefunden.

Schon gewusst, dass ...

. . . der „Schlüssel“ zum Erfolg u. a. darin besteht, bei Aufgaben wie dieser nicht zu verzweifeln? Eine der wichtigsten Voraussetzungen für persönlichen Erfolg ist die Bereitschaft, neue Wege zu gehen und nicht aufzugeben, wenn sich das Lösen einer Aufgabe nicht bei den ersten Versuchen einstellt.

[43] Das Aktiengeschäft

Lösung

Die beiden Aktienpakete kosteten beim Kauf 450 € und 150 €.

Erklärung

Der Verkaufspreis für die beiden Aktienpakete betrug 630 €. In diesem Betrag ist der Gewinn von 5% enthalten.

630 € entsprechen also 105%. Der Kaufpreis von 100% ist $\frac{630}{105} \cdot 100 = 600$. Der Gewinn von 5% hat also den Wert 30 €.

Um den jeweiligen Kaufpreis der Aktienpakete zu bestimmen, lassen sich die beiden folgenden Gleichungen aufstellen, in denen x den Kaufpreis von Paket 1 und y den Kaufpreis von Paket 2 darstellt. 1,1x gibt den Kaufpreis von Paket 1 plus den Gewinn von 10% an; 0,9y ist der Kaufpreis von Paket 2 minus 10% Verlust.

I. $x + y = 600$

II. $1{,}1x + 0{,}9y = 630$

Diese beiden Gleichungen lassen sich nach x und y auflösen und es ergeben sich die Werte x = 450 € und y = 150 €.

Im Lösungsvideo werden die einzelnen Schritte zur Lösung dieses Gleichungssystems gezeigt.

[44] Kugeln in der Würfelbox

Lösung

Es gibt acht verschiedene Möglichkeiten.

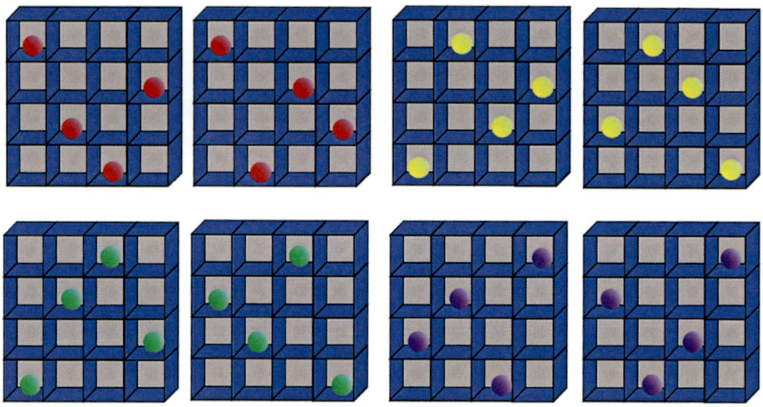

Erklärung

Eine mögliche Strategie zur Lösung sieht folgendermaßen aus: Man beginnt ganz oben links eine Kugel zu platzieren. Danach schließt man aus, wo eine weitere Kugel hineingelegt werden kann. Dann fährt man mit den noch freien Öffnungen in der zweiten Reihe fort usw.

Man erkennt dann sehr schnell, dass es für jeden der vier Würfel in der obersten Reihe jeweils zwei verschiedene Möglichkeiten der Platzierung gibt. Hieraus folgt, dass genau acht verschiedene Lösungen existieren.

Eine ausführliche Lösung wird im Video gezeigt.

[45] Von New York nach New Jersey

Lösung

Der Zug braucht 55 Sekunden für die Tunneldurchfahrt.

Erklärung

Bei gleichbleibender Geschwindigkeit (72 km/h) schafft der Zug 72 km in einer Stunde.

Das sind 72 000 m in einer Stunde. Wenn man die 72 000 m durch 60 dividiert, erhält man 1 200 m, die der Zug in einer Minute zurücklegt. Teilt man diesen Wert noch einmal durch 60, dann gibt das Ergebnis 20 m/s Auskunft darüber, wie viele Meter der Zug in einer Sekunde fährt. Schafft er 20 Meter in einer Sekunde, dann benötigt der Zug für 1 000 Meter 50 Sekunden. Der Anfang des Zuges hat also nach 50 Sekunden das Ende des Tunnels erreicht. Damit auch das Ende des Zuges den Tunnel durchfahren hat, müssen noch 100 m überwunden werden; dies wird nach weiteren 5 Sekunden geschafft. Insgesamt also eine Durchfahrtszeit von 55 Sekunden.

Der Holland Tunnel (ca. 2,6 km lang) und der Lincoln Tunnel (ca. 2,5 km lang) verbinden New York mit New Jersey. In der Aufgabe wurde 1 km Tunnellänge gewählt, um das Rechnen zu erleichtern.

Eine anschauliche Lösung wird im Video präsentiert.

[46] Die Königsaufgabe

Lösung

1 grüne Kugel in die eine Kiste.

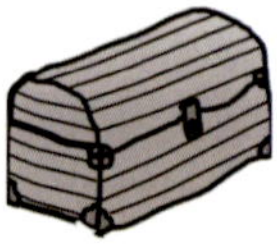

9 grüne und 10 rote Kugeln in die andere Kiste

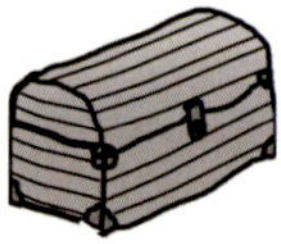

Erklärung

Zunächst muss die Bewerberin eine der beiden Kisten auswählen.

Erwischt sie zufällig die Kiste mit der einen grünen Kugel, ist ihr die Stelle zu 100% sicher.

Wählt sie dagegen zufällig die Kiste mit den 9 grünen und den 10 roten Kugeln, liegt die Chance, eine grüne Kugel zu ziehen, bei ungefähr 47,4%; denn $\frac{9}{19} \approx 47{,}4\%$.

Damit liegt die Gewinnchance bei $\frac{100\% + 47\%}{2} \approx 73{,}7\%$.

Alle anderen Verteilungen haben eine niedrigere Erfolgschance.

[47] Jonglieren mit Bällen und Zahlen

Lösung

Die fehlende Zahl heißt 206.

Erklärung

Die Zahlen auf den blauen, roten und grünen Bällen müssen miteinander multipliziert und die Zahl auf dem gelben Ball muss von dem erhaltenen Produktwert subtrahiert werden, um die Zahl auf dem weißen Ball zu erhalten.

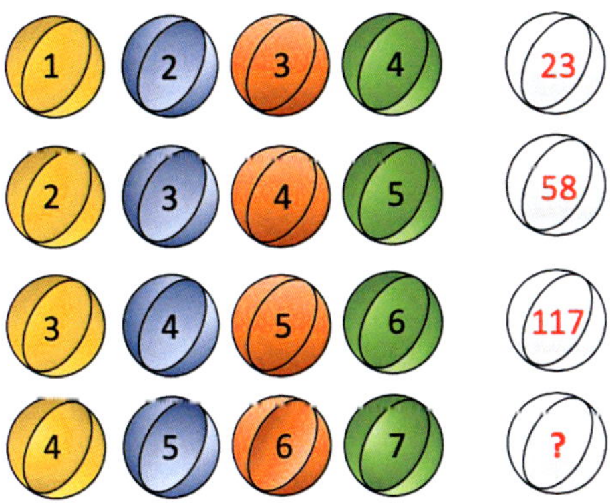

$2 \cdot 3 \cdot 4 - 1 = 23$

$3 \cdot 4 \cdot 5 - 2 = 58$

$4 \cdot 5 \cdot 6 - 3 = 117$

$5 \cdot 6 \cdot 7 - 4 = 206$

[48] Herbst-Kirmes

Lösung

Der Durchschnittsbetrag der restlichen 15 Kinder betrug 90 €.

Erklärung

Wenn 40 Kinder durchschnittlich 65 € auf der Kirmes ausgegeben haben, dann haben sie zusammen $40 \cdot 65$ € = 2600 € ausgegeben. Bei den ersten 25 Kindern sind es $25 \cdot 50$ € = 1250 €. Für die restlichen 15 Kinder bleibt ein Betrag von 2600 € – 1250 € = 1350 € übrig.

Teilt man diese 1350 € durch 15 erhält man die Lösung auf die gestellte Frage, nämlich 90 € durchschnittlich für jedes der 15 restlichen Kinder.

Schon gewusst, dass ...

... alle Quadratzahlen von geraden natürlichen Zahlen ($2^2, 4^2, 6^2, 8^2, 10^2, 12^2, 14^2, 16^2, \ldots$) durch 4 teilbar sind, ohne dass ein Rest bleibt?

Beispiele: $6^2 = 36$ und $36 : 4 = 9$

$18^2 = 324$ und $324 : 4 = 81$

$112^2 = 12\,544$ und $12\,544 : 4 = 3136$

...

[49] Drei Ziffern fehlen

Lösung

Die Zahl, die die Bedingungen erfüllt, existiert. Es ist die Zahl 678 552.

Erklärung

Da die gesuchte Zahl durch 6, 7 und durch 8 ohne Rest teilbar sein soll, muss sie auch durch $3 \cdot 7 \cdot 8 = 168$ teilbar sein. 168 ist das kleinste gemeinsame Vielfache dieser drei Zahlen. Es gibt genau sechs sechsstellige Zahlen mit den Anfangsziffern 678, die durch 168 teilbar sind:

6	7	8	0	4	8
6	7	8	2	1	6
6	7	8	3	8	4
6	7	8	5	5	2
6	7	8	7	2	0
6	7	8	8	8	8

Unter diesen sechs Zahlen gibt es genau eine, deren letzten drei Ziffern keine 6, 7 und 8 enthalten. Der Weg zur Lösung wird im Video ausführlich beschrieben.

[50] Der sichere PIN-Code

Lösung

18 * 8 = 8 37 J h

Erklärung

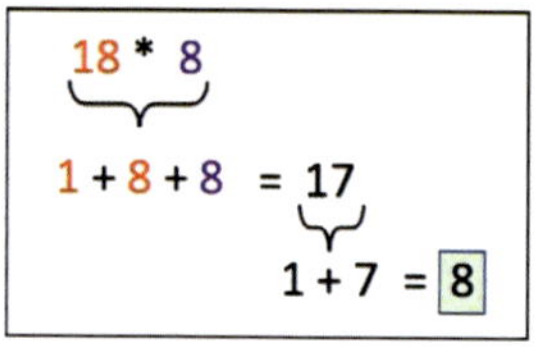

Für die 1. Stelle werden die Ziffern von Tag und Monat addiert. Ist das Ergebnis nicht einstellig, werden die Ziffern von diesem Ergebnis noch einmal addiert.

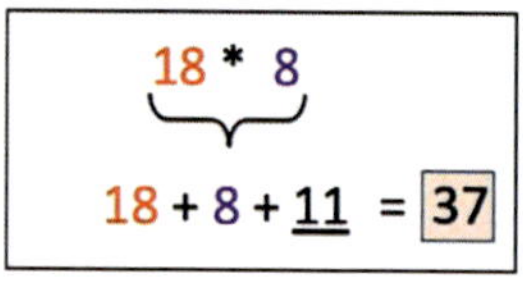

Für die 2. und 3. Stelle werden die Tageszahl und die Monatszahl addiert. Hinzu kommt stets die Zahl 11 als feste Größe.

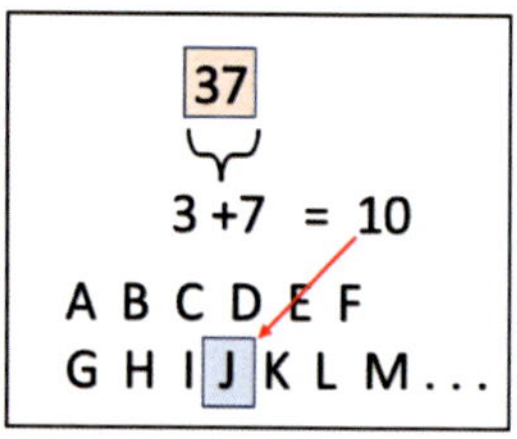

Für die 4. Stelle werden die Ziffern der gefundenen 2. und 3. Stelle addiert.

Der Wert gibt den Platz des Buchstabens im Alphabet (Großbuchstaben) an.

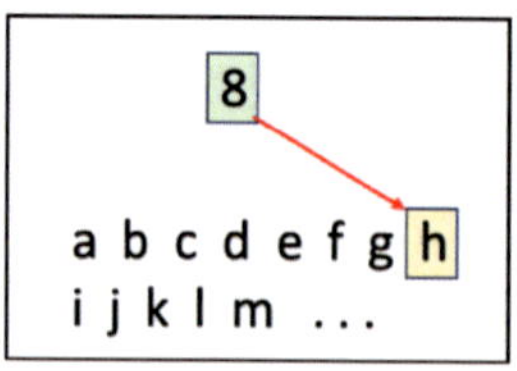

Für die 5. Stelle wird das gefundenen Ergebnis der 1. Stelle genommen. Der Wert gibt den Platz des Buchstabens im Alphabet (Kleinbuchstaben) an.

[51] Dreiecke gesucht

Lösung

Es sind in diesem Bild 64 Dreiecke zu finden.

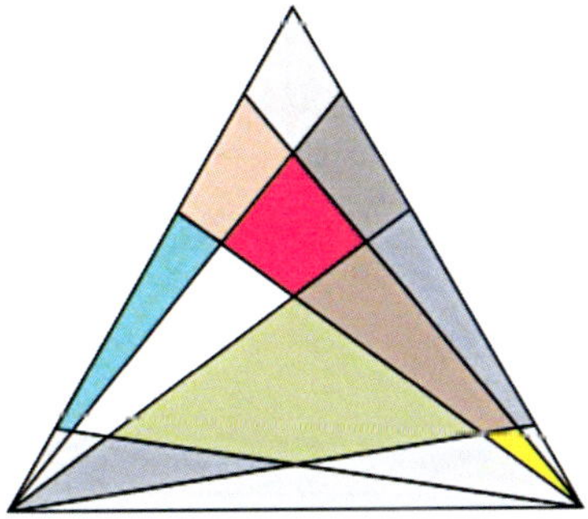

Erklärung

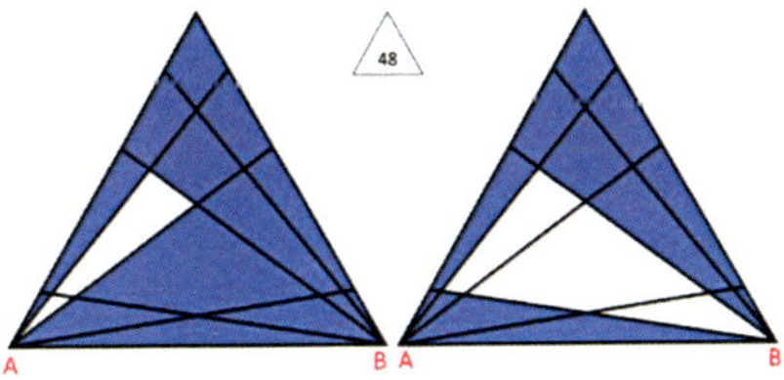

Es gibt 24 Dreiecke, die man vom Punkt A und 24 Dreiecke, die man von Punkt B aufspannen kann; insgesamt sind dies 48.

Die Strecke von A nach B wurde dabei nicht berücksichtigt.

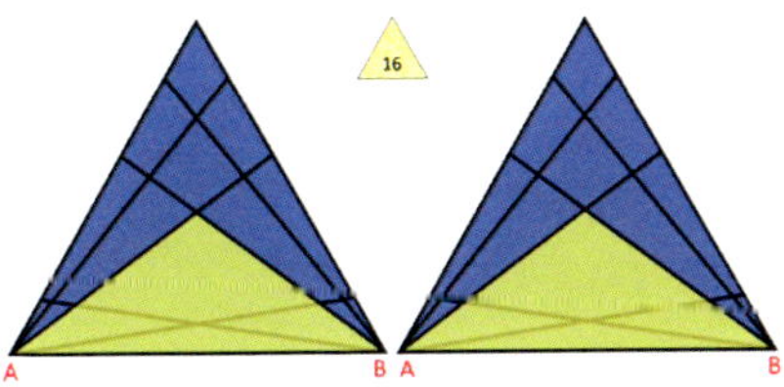

Nimmt man nun sämtliche Dreiecke mit der Grundseite von A nach B hinzu, ergeben sich weitere 16 Dreiecke.

Es gibt viele Zählstrategien, um die 64 Dreiecke aufzuspüren. Im Video werden sämtliche Dreiecke zu sehen sein.

[52] Spiel mit zwei Würfeln

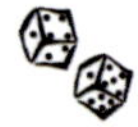

Lösung Von den vier Startpositionen bietet das blaue Feld mit den Zahlen 5, 6 und 7 die größte Chance, das Ziel als erster zu erreichen.

Erklärung Da mit zwei Würfeln gleichzeitig gespielt wird, ergeben sich die folgenden Zahlenwerte: 2, 3, 4, 5, 6, 7, 8, 9, 10, 11, 12.

Die Grafik zeigt die verschiedenen Möglichkeiten für die vier Startfelder:

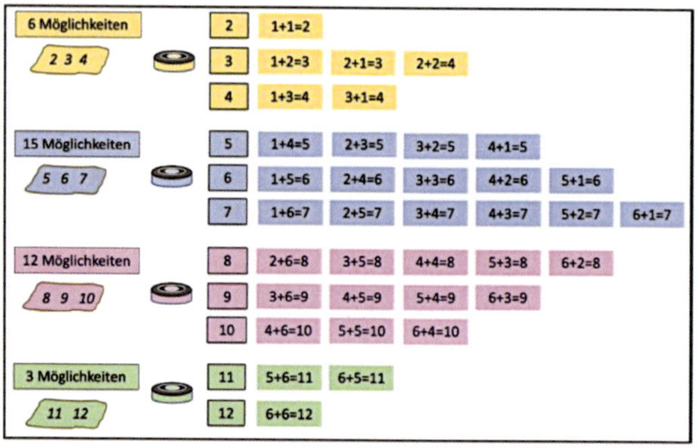

Die meisten – nämlich 15 – der insgesamt 36 Würfelergebnisse fallen auf das blaue Feld; damit hat dieses Feld die größten Aussichten auf Erfolg. Die jeweilige Chance lässt sich auch in Prozenten beschreiben:

6 Möglichkeiten	16,7%
15 Möglichkeiten	41,7%
12 Möglichkeiten	33,3%
3 Möglichkeiten	8,3%

Dennoch besteht eine – wenn auch nicht so große – Chance, von einem anderen Startfeld aus, das Spiel zu gewinnen.

Wetten würde ich nicht darauf.

[53] Falsch programmiert?

Lösung Der kleine Roboter wurde nicht falsch programmiert. Er rechnet im „7er“- und nicht im „10er-System“.

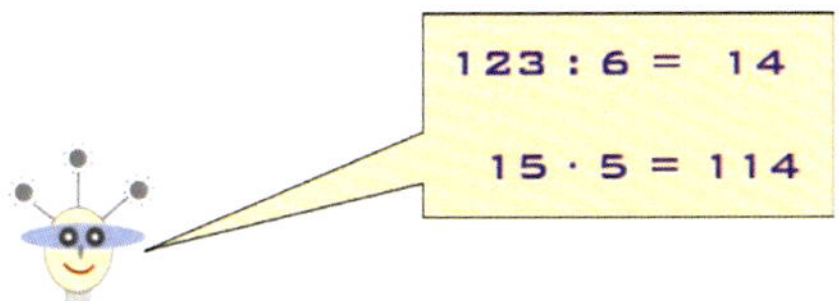

Erklärung Die Zahl 11 im 10er-System bedeutet $1 \cdot 10 + 1 \cdot 1$.

Tausender	Hunderter	Zehner	Einer
1000	100	10	1
0	0	1	1

Die Zahl 11 im 7er-System bedeutet $1 \cdot 7 + 1 \cdot 1$.

343er	49er	Siebener	Einer
343	49	7	1
0	0	1	1

Die Zahl 14 im 7er-System bedeutet im für uns gebräuchlichen 10er-System also 11. Die vordere 1 steht für 7 und die hintere 4 für die Zahl 4; $7 + 4 = 11$. 123 im 7er-System hat den Wert 66 im Zehnersystem, denn $1 \cdot 49 + 2 \cdot 7 + 3 \cdot 1 = 66$.

Die 6 ist in beiden Systemen gleich. Der Roboter rechnet also $123 : 6 = 14$; übersetzt in das 10er-System bedeutet das $66 : 6 = 11$. Die 11 im 10er-Sytem ist die 14 im 7er-System. Der kleine Roboter hat richtig gerechnet.

$15 \cdot 5 = 114$ bedeutet $(1 \cdot 7 + 5 \cdot 1) \cdot 5 = 1 \cdot 49 + 1 \cdot 7 + 4 \cdot 1$ und heißt übersetzt in das 10er-System: $12 \cdot 5 = 60$.

Also ebenfalls eine richtige Rechnung.

[54] Zu Besuch im Autokino

Lösung

Es gibt 48 verschiedene Möglichkeiten für die drei Paare in einer Reihe zu sitzen.

Erklärung

Die Grafik unten links zeigt die sechs verschiedenen Parkmöglichkeiten für die drei Autos. In den Autos können zusätzlich die beiden Plätze getauscht werden. Die Grafik rechts zeigt, dass es für jede der sechs Parkmöglichkeiten acht verschiedene Sitzkombinationen gibt. Insgesamt können also $6 \cdot 8 = 48$ verschiedene Möglichkeiten genutzt werden, um in einer Reihe zu sitzen.

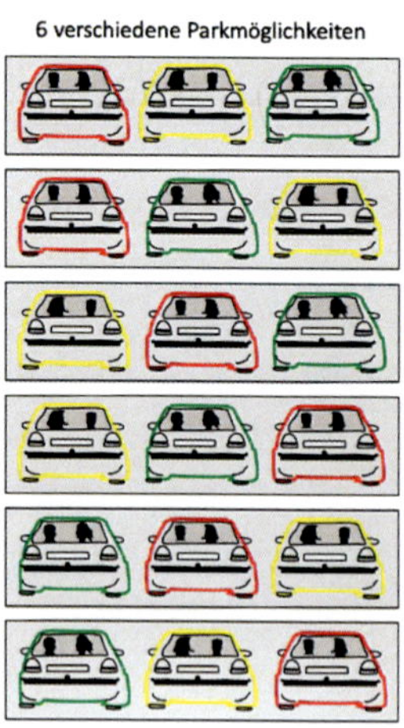

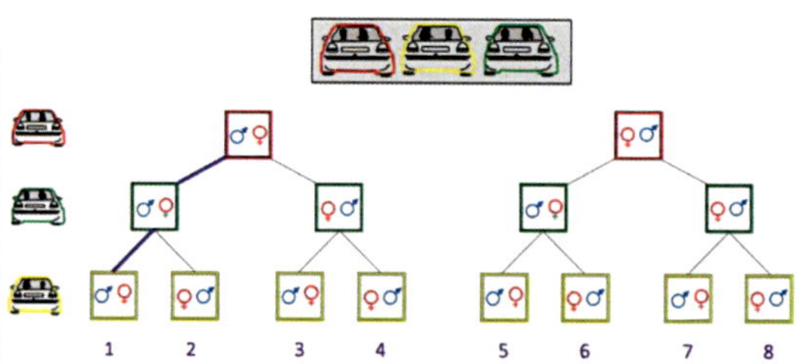

[55] Fröhliche Nachbarschaft

Lösung

In den Häusern wohnen 4, 10, 6, 2 und 8 Personen.

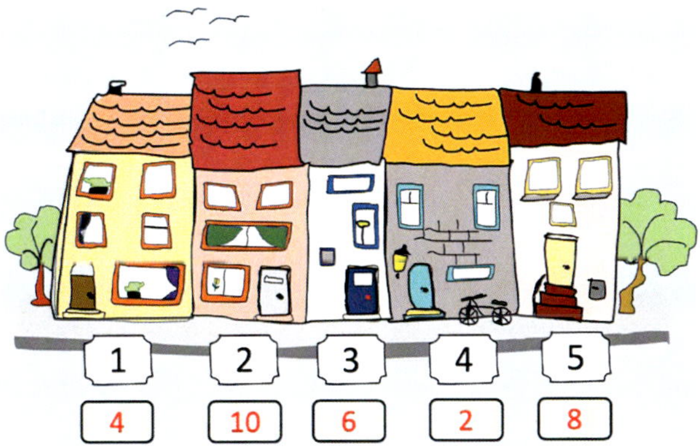

Erklärung

Da es sich um insgesamt 30 Personen handelt, die in den fünf Häusern wohnen, kann man mit einigem Geschick die Anzahl der Personen herausfinden.

Man weiß von Haus 2 und Haus 5, dass dort auf jeden Fall mehr Personen wohnen müssen, als in den anderen Häusern. Jetzt kann man für das 1. Haus eine Annahme machen. Der Wert kann nur 2, 4 oder 6 sein, denn würden im Haus 1 beispielsweise 8 Personen wohnen, blieben für die Häuser 2 und 3 zusammen nur noch 2 Personen übrig, was zum Widerspruch zu den anderen Aussagen führt. Mit der Zahl 4 für Haus 1 ist man dann schnell am Ziel.

Es gibt natürlich auch einen mathematischen Weg, der bei größeren Zahlen notwendig wäre. Im Video wird dieser Weg erklärt.

[56] HOKUS POKUS FIDIBUS

Lösung

Es gibt 720 Möglichkeiten, den Zauberspruch „HOKUS POKUS FIDIBUS“ von oben nach unten zu lesen.

Erklärung

Betrachten wir zunächst die Figur mit dem Wort „HOKUS“. Der Startpunkt ist das “H“. In jedem Viereck in der

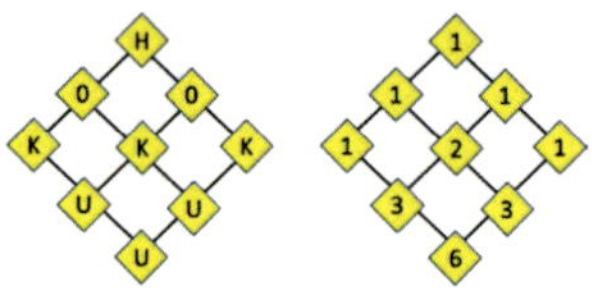

rechten Figur ist jeweils die Zahl eingetragen, die angibt, wie viele Wege bis zu dem jeweiligen Viereck führen. Es ist leicht zu erkennen, wie man zu den nächsten Wegzahlen kommt. Jeweils zwei nebeneinander liegende Zahlen addiert, ergeben den Wert für das darunterliegende Viereck.

Für die Worte „POKUS“ und „FIDIBUS“ gilt dieses Prinzip ebenfalls. Für „HOKUS“ und „POKUS“ ergeben sich jeweils 6 mögliche Wege und für das Wort „FIDIBUS“ sogar 20. Diese drei Zahlen müssen jetzt noch multipliziert werden, und die Frage nach der Anzahl der verschiedenen Möglichkeiten „HOKUS POKUS FIDIBUS“ zu lesen, ist gefunden: $6 \cdot 6 \cdot 20 = 720$. Es gibt tatsächlich auch hier eine Formel, um die Zahlen 6 und 20 direkt zu berechnen. Wer sich damit beschäftigen möchte, dem gebe ich die Stichwörter „Pascalsches Dreieck“ und „Binomialkoeffizient“ zur weiteren Recherche.

Zaubertricks

[Z1] Ein Trick zum blitzschnellen Addieren

Der Zauberer lässt von einer Kandidatin und einem Kandidaten jeweils eine 6-stellige Zahl so aufschreiben, dass das Publikum alles mitverfolgen kann.

Beispiel:

Kandidatin A 346156

Kandidat B 124547

Jetzt schreibt der Zauberer selbst eine dritte Zahl C auf.

Zauberer C 653843

Eine weitere Zahl D wird von der Kandidatin aufgeschrieben.

Kandidatin D 234567

Jetzt ist wieder der Zauberer an der Reihe.

Zauberer E 765432

Das Publikum soll nun die fünf 6-stelligen Zahlen addieren.

Der Zauberer kennt die Lösung, ohne zu rechnen:

2124545

Wie gelingt ihm das?

[Z2] Ich kenne Deine Zahl

Schreibe eine Zahl auf einen Zettel, ohne dass der Zauberer sie sehen kann.

Folge dann den Anweisungen des Zauberers:

Start:

Verdopple Deine Zahl.

Addiere die 8.

Halbiere Dein Zwischenresultat.

Addiere die 9.

Multipliziere Dein Zwischenergebnis mit 4.

Subtrahiere 12.

Dividiere durch 4.

Subtrahiere die 5.

Nenne jetzt Dein Endergebnis.

Ende

Der Zauberer sagt Dir die Zahl, die Du auf den Zettel geschrieben hast.

Wie gelingt ihm das?

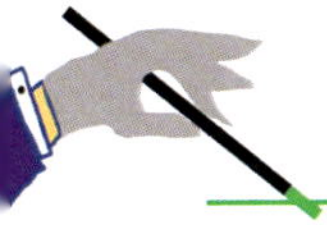

[Z3] Ich kenne die Ziffern

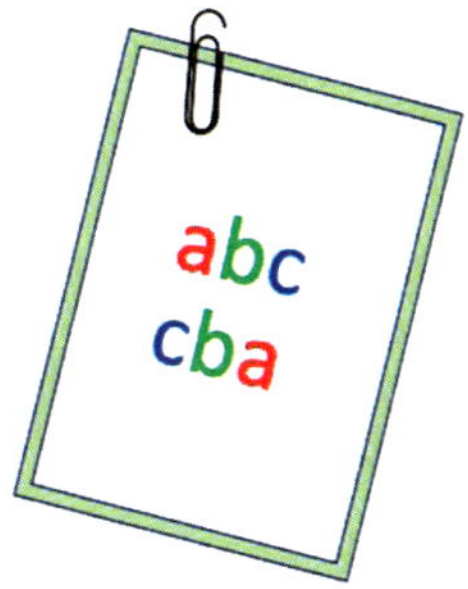

Schreibe eine dreistellige Zahl auf einen Zettel.

Schreibe diese Zahl mit umgekehrter Ziffernfolge darunter.

Subtrahiere die größere von der kleineren Zahl.

Gib dem Zauberer die vordere Ziffer bekannt, und er wird Dir die anderen Ziffern nennen.

Wie gelingt ihm das?

Schon gewusst, dass ...

... bei einem Tennisturnier wie in Wimbledon mit 128 Teilnehmern genau 127 Partien ausgetragen werden müssen, bis der Sieger ermittelt ist? Immer dann, wenn bei jedem Match ein Teilnehmer ausscheiden muss, ist die Anzahl der Spiele um 1 kleiner als die Anzahl der Spieler.

[Z4] Superhirn

Mit dieser Zauberei erweist sich jeder als ein echtes Superhirn. Jemand nennt eine rote Zeilennummer aus diesem Feld, und das „Superhirn“ trägt – ohne auf das Blatt zu schauen – die Zahlenreihe auswendig in großem Tempo vor.

Die Bewunderung ist ihm gewiss.

	1	2	3	4	5	6	7	8	9	10	11	12	13	14	15	16	17	18	19	20
1	4	5	9	4	3	7	0	7	7	4	1	5	6	1	7	8	5	3	8	1
2	7	9	6	5	1	6	7	3	0	3	3	6	9	5	4	9	3	2	5	7
3	2	5	7	2	9	1	0	1	1	2	3	5	8	3	1	4	5	9	4	3
4	9	3	2	5	7	2	9	1	0	1	1	2	3	5	8	3	1	4	5	9
5	8	3	1	4	5	9	4	3	7	0	7	7	4	1	5	6	1	7	8	5
6	9	5	4	9	3	2	5	7	2	9	1	0	1	1	2	3	5	8	3	1
7	2	9	1	0	1	1	2	3	5	8	3	1	4	5	9	4	3	7	0	7
8	7	5	2	7	9	6	5	1	6	7	3	0	3	3	6	9	5	4	9	3
9	4	3	7	0	7	7	4	1	5	6	1	7	8	5	3	8	1	9	0	9
10	3	4	7	1	8	9	7	6	3	9	2	1	3	4	7	1	8	9	7	6
11	4	6	0	6	6	2	8	0	8	8	6	4	0	4	4	8	2	0	2	2
12	7	0	7	7	4	1	5	6	1	7	8	5	3	8	1	9	0	9	9	8
13	2	6	8	4	2	6	8	4	2	6	8	4	2	6	8	4	2	6	8	4
14	9	4	3	7	0	7	7	4	1	5	6	1	7	8	5	3	8	1	9	0
15	8	4	2	6	8	0	8	8	6	4	0	4	4	8	2	0	2	2	4	6
16	9	6	5	1	6	7	3	0	3	3	6	9	5	4	9	3	2	5	7	2
17	2	0	2	2	4	6	0	6	6	2	8	0	8	8	6	4	0	4	4	8
18	7	6	3	9	2	1	3	4	7	1	8	9	7	6	3	9	2	1	3	4
19	4	4	8	2	0	2	2	4	6	0	6	6	2	8	0	8	8	6	4	0
20	3	5	8	3	1	4	5	9	4	3	7	0	7	7	4	1	5	6	1	7

Wie gelingt ihm das?

[Z5] Fibonacci-Zauber

1 1 2 3 5 8 13 21 34 55 89 . . .

Dies ist die Fibonacci-Folge. Sie gehört zu den bekanntesten Zahlenfolgen; sie beschreibt u. a. viele Wachstumsprozesse in der Natur. Die erste und zweite Zahl ist die 1; danach ist sie so aufgebaut, dass ein Folgeglied stets so groß ist wie der Wert der Summe der beiden vorhergehenden Zahlen.

Beispiel: $5 + 8 = 13$

Die Zauberei beginnt damit, dass in die grünen Felder 1 und 2 zwei Zahlen hineingeschrieben werden, die dem Zauberer unbekannt bleiben. Nun wird wie bei der Fibonacci-Folge jeweils das nächste Feld ausgefüllt.

Die 1. Zahl plus die 2. Zahl ergeben den Wert für die 3. Zahl, die 2. Zahl plus die 3. Zahl den Wert für die 4. Zahl usw.

1.	
2.	
3.	
4.	
5.	
6.	
7.	
8.	
9.	
10.	
Wert der Summe aller 10 Zahlen:	

Am Ende wird dem Zauberer die Zahl im 7. Feld genannt. Er sagt, ohne zu zögern, welchen Wert die Summe aller zehn Zahlen hat. Nach dem Errechnen des Summenwertes bleibt dem erstaunten Publikum nur die Möglichkeit, dem Wert des Zauberers zuzustimmen.

Wie gelingt ihm das?

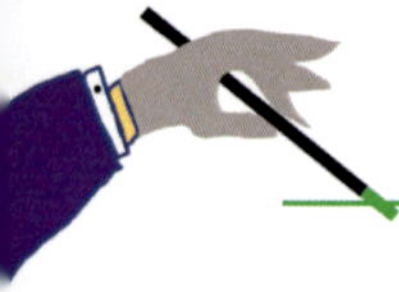

[Z6] Zauberhafte Multiplikation

Schreibe eine Zahl auf einen Zettel, ohne dass der Zauberer sie sehen kann. Die Zahl sollte nicht größer als 500 sein.

Folge dann den Anweisungen des Zauberers:

Start:

Multipliziere Deine Zahl mit 27.

Multipliziere Dein Zwischenergebnis mit 74.

Nenne jetzt Dein Ergebnis.

Ende

Der Zauberer sagt Dir die Zahl, die Du auf den Zettel geschrieben hast.

Wie gelingt ihm das?

Schon gewusst, dass ...

... sich in einem rechtwinkligen Dreieck die Länge der Höhe h berechnen lässt, indem man die Längen der Katheten multipliziert und dies Ergebnis durch die Länge der Hypotenuse teilt?

$$h = \frac{a \cdot b}{c}$$

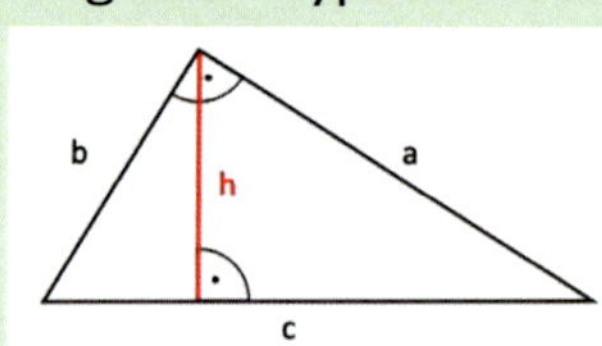

[Z7] Zauberei mit Münzen

Der Zauberer fordert eine Person auf, die zehn Münzen jeweils in seiner rechten bzw. linken Hand zu verteilen. (Nicht einsehbar für den Zauberer)

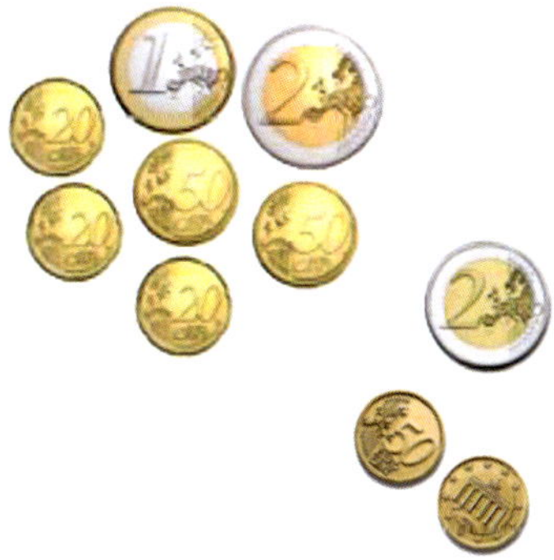

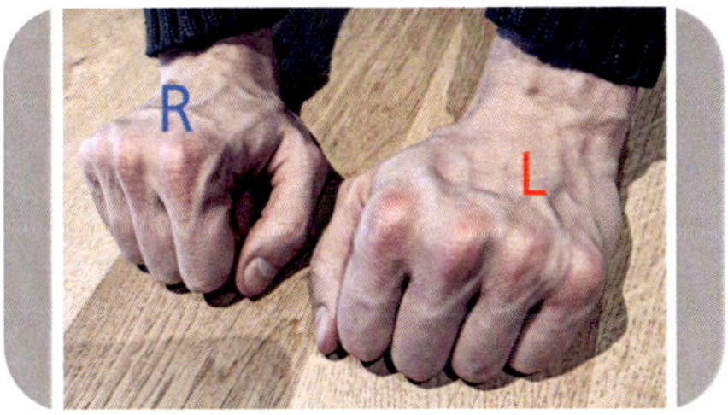

Dann gibt der Zauberer seine Anweisungen:

Start:

Die Anzahl der Münzen in der *linken* Hand bitte mit 5 multiplizieren.

Die Anzahl der Münzen in der *rechten* Hand bitte mit 4 multiplizieren.

Beide Ergebnisse addieren.

Das Endergebnis dem Zauberer nennen.

Ende

Der Zauberer sagt der Person, wie viele Münzen sich in der linken und rechten Hand befinden.

Wie gelingt ihm das?

[Z8] Zauberei mit drei Würfeln

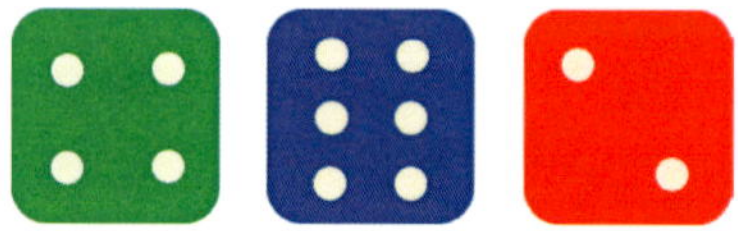

Der Zauberer fordert eine Person auf, mit den drei Würfeln gleichzeitig zu würfeln.

Daraus wird eine dreistellige Zahl gebildet, wie in diesem Beispiel

462

Dann gibt der Zauberer weitere Anweisungen:

Multipliziere die vordere Zahl mit 2.

Addiere zu diesem Ergebnis die 5.

Multipliziere dieses Ergebnis mit 5.

Addiere zu diesem Ergebnis die gewürfelte Zahl, die der mittlere Würfel anzeigt.

Multipliziere dieses Ergebnis mit 10.

Addiere nun die Zahl, die der rechte Würfel anzeigt.

Dieses Endergebnis dem Zauberer nennen.

Ende

Der Zauberer sagt der Person die gewürfelte Zahl.

Wie gelingt ihm das?

[Z9] Dein Geburtstag

1	3	5	7
9	11	13	15
17	19	21	23
25	27	29	31

2	3	6	7
10	11	14	15
18	19	22	23
26	27	30	31

4	5	6	7
12	13	14	15
20	21	22	23
28	29	30	31

8	9	10	11
12	13	14	15
24	25	26	27
28	29	30	31

16	17	18	19
20	21	22	23
24	25	26	27
28	29	30	31

Der Zauberer zeigt einer Person nacheinander diese fünf Karten. Die Reihenfolge ist dabei beliebig. Er bittet die Person, für jede Karte die Frage zu beantworten, ob der Geburtstag der Person sich jeweils auf der Karte befindet oder nicht.

Er erhält also fünf Antworten, die entweder „ja" oder „nein" lauten.

Ist dies geschehen, nennt der Zauberer den Geburtstag der Person.

Wie gelingt ihm das?

[Z10] Unsichtbare Würfelsumme

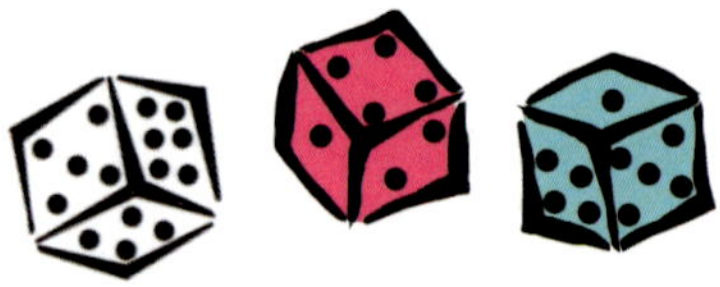

Der Zauberer fordert eine Person auf, mit den drei Würfeln gleichzeitig zu würfeln. Der Zauberer darf die Würfel nicht sehen.

Dann gibt der Zauberer weitere Anweisungen:

Addiere die drei gewürfelten Zahlen.

Wähle einen der drei Würfel aus und addiere zum bisherigen Summenwert die verdeckte Zahl dieses Würfel.

Mit genau diesem Würfel noch einmal würfeln.

Die neue gewürfelte Zahl zum bisherigen Summenwert addieren.

Diesen Summenwert unsichtbar für den Zauberer aufschreiben.

Der Zauberer schaut jetzt auf die drei Würfel und nennt den soeben aufgeschriebenen Gesamtsummenwert.

Wie gelingt ihm das?

[Z11] Die fehlende Ziffer

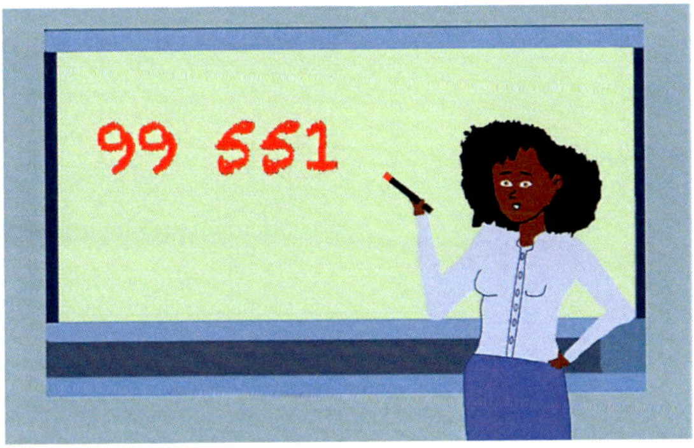

Die Zauberin fordert eine Person auf, zwei Zahlen aufzuschreiben mit der folgenden Bedingung: Es dürfen und müssen nur die Ziffern von 0 bis 9 jeweils genau einmal verwendet werden.

Beispiel: 1 345 und 978 206.

Nun sollen die beiden Zahlen addiert werden: 1 345 + 978 206 = 979 551.

Die Zauberin bittet die Person, eine Ziffer im Ergebnis zu streichen. Beispiel: 7.

Nun wird der Zauberin die übrig gebliebene Zahl 99 551 gezeigt.

Die Zauberin schaut auf die Zahl und nennt die gestrichene Ziffer.

Wie gelingt ihr das?

[Z12] Kalenderzauber

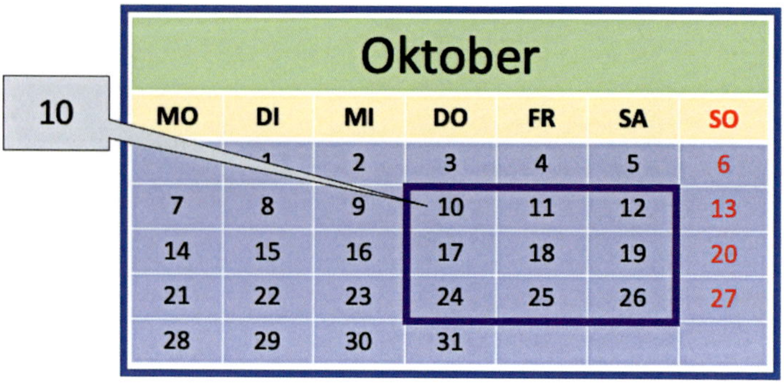

Die Zauberin reicht einer Person 12 Kalenderblätter in Form von Monatsblättern, von denen eines von der Person ausgewählt wird (hier als Beispiel der Oktober).

Nun bittet die Zauberin ein beliebiges Rechteck mit neun Zahlen einzurahmen (Beispiel siehe oben). Dies alles geschieht, ohne dass die Zauberin Einblick hat.

Jetzt nennt die Person der Zauberin die Zahl, die sich oben in der Ecke befindet (im Beispiel die 10).

Die Zauberin nennt nach kurzer Überlegung den Wert der Summe der eingerahmten Zahlen.

Wie gelingt ihr das?

Lösungen

[Z1] Ein Trick zum blitzschnellen Addieren

Kandidatin	A	346156
Kandidat	B	124547
Zauberer	C	653843
Kandidatin	D	234567
Zauberer	E	765432
Wert der Summe		2124545

Diese Zahlen C und E wählt der Zauberer nicht beliebig, sondern er orientiert sich an den Zahlen A und D.

Die Ziffern seiner Zahl C wählt er so, dass seine Ziffern und die der Zahl A als Summenwert jeweils 9 ergeben.

Mit seiner Zahl E und der Zahl D macht er es genauso. An der Zahl B kann man nun direkt den Wert der Gesamtsumme ablesen: Von der letzten Ziffer von B subtrahiert man 2 und setzt diese 2 vor die Zahl B.

124547 – 2 = 124545 → 2124545

Hier der Beweis:

Durch die Zahl C des Zauberers wird aus A + C = 999 999.

Durch die Zahl E des Zauberers wird aus D + E = 999 999.

Also gilt: A + C + D + E = 1 999 998

Wenn man nun zu diesem Wert 1 999 998 die Zahl B addiert, erhält man das folgende Ergebnis:

	1 999 998
+	124 547 (B)
	2 124 545 (B – 2)

[Z2] Ich kenne Deine Zahl

Hier eine Beispielrechnung:

Gedachte Zahl:	**9**
Verdopple Deine Zahl:	18
Addiere die 8:	26
Halbiere Dein Zwischenresultat:	13
Addiere die 9:	22
Multipliziere Dein Zwischenergebnis mit 4:	88
Subtrahiere 12:	76
Dividiere durch 2:	38
Subtrahiere die 5:	33

Nenne das Endergebnis: 33

Der Zauberer muss jetzt lediglich vom genannten Ergebnis die Zahl 15 subtrahieren und dies Zwischenergebnis halbieren, um die gedachte Zahl zu bestimmen.

Hier der Beweis:

$$\left[\left(\frac{2x+8}{2}+9\right)\cdot 4-12\right]:2-5$$

$$= [(x+13)\cdot 4-12]:2-5$$

$$= (4x+40):2-5$$

$$= 2x+20-5$$

$$= 2x+15$$

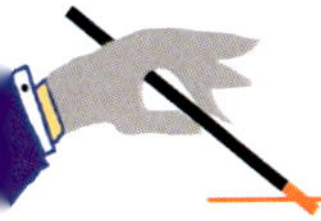

[Z3] Ich kenne die Ziffern

Hier eine Beispielrechnung:

Gedachte Zahl:	752
Zahl mit umgekehrten Ziffernfolge:	257
Subtrahiere die kleinere von der größeren Zahl:	$752 - 257 = 495$
Nenne die vordere Ziffer:	4

Der Zauberer wird Dir die 2. und 3. Ziffer Deiner Zahl sagen können: 9 und 5.

Die Zehnerziffer ist immer die 9.

Die Summe aus Hunderterziffer und Einerziffer hat als Wert immer die 9.

Hier der Beweis:

Die Rechnung lautet: $abc - cba$

Die Einerziffer $(c - a)$ lässt sich nur bestimmen, wenn man $(c + 10 - a)$ rechnet, denn a ist größer als c.

Für die Zehnerziffer gilt: $(b + 10 - 1 - b)$.

Für die Hunderterziffer $(a - 1 - c)$.

Die Zehnerziffer ist also $(b + 10 - 1 - b) = 9$.

Die Summe aus Hunderterziffer und Einerziffer hat als Wert immer die 9, denn $(a - 1 - c) + (c + 10 - a) = 9$.

[Z4] Superhirn

Wie kann man sich die Zahlenfolge der einzelnen Zeilen merken? Dahinter steckt ein einfaches Prinzip, das auf den ersten Blick schwer zu entdecken ist. Einstellige und zweistellige Zeilennummern unterscheiden sich.

Beispiel Zeile 7 (einstellig):

7	2	9	1	0	1	1	2	3	5	8	3	1	4	5	9	4	3	7	0	7

Die Zeilennummer 7 wird quadriert: $7^2 = 49$. Zu der 49 wird die Zahl 3 addiert. $49 + 3 = 52$. Die erste Zahl, die das Superhirn nennt, ist jetzt die Einerziffer von 52, die 2. Nun wird die Zeilennummer 7 und die Zahl 2 addiert. Man erhält als Wert die zweite Zahl 9.

Jetzt wird die 2 und die 9 addiert; der erhaltene Wert ist 11. Als dritte Zahl in der Zeile wird die Einerziffer 1 genommen. So geht es mit den restlichen Zahlen der Reihe weiter.

Beispiel Zeile 12 (zweistellig):

12	7	0	7	7	4	1	5	6	1	7	8	5	3	8	1	9	0	9	9	8

Die Zeilennummer 12 wird quadriert: $12^2 = 144$. Zu der 144 wird die Zahl 3 addiert. $144 + 3 = 147$. Die erste Zahl, die das Superhirn nennt, ist jetzt die Einerziffer von 147, die 7.

Nun werden die Ziffern der Zeilennummer und die erste Zahl (hier die 7) addiert: $1 + 2 + 7 = 10$. Die Einerziffer 0 dieses Summenwertes ist die 2. Zahl in der Reihe. Jetzt geht es wie bei den einstelligen Zahlen weiter.

[Z5] Fibonacci-Zauber

Beispiel:

Wie gelingt es dem Zauberer, mithilfe der 7. Zahl (hier 73) den Wert der Summe aller 10 Zahlen zu bestimmen? Der Trick besteht darin, die Zahl 73 mit 11 zu multiplizieren. Man erhält dann tatsächlich das Ergebnis 803, ohne weitere Rechnungen durchzuführen.

Die Multiplikation mit 11 muss – trotz aller Zauberei – schnell im Kopf durchgeführt werden können.

1.	5
2.	6
3.	11
4.	17
5.	28
6.	45
7.	73
8.	118
9.	191
10.	309
Wert der Summe aller 10 Zahlen:	803

Hier der Beweis:

Die beiden Anfangszahlen seien a und b. Nun führt man die einzelnen Additionen durch.

Man erkennt hier, dass die Summe $55a + 88b$ genau 11-mal dem Wert der 7. Zahl entspricht:

$55a + 88b = 11 \cdot (5a + 8b)$

1.	a
2.	b
3.	$a + b$
4.	$a + 2b$
5.	$2a + 3b$
6.	$3a + 5b$
7.	$5a + 8b$
8.	$8a + 13b$
9.	$13a + 21b$
10.	$21a + 34b$
Wert der Summe aller 10 Zahlen:	$55a + 88b$

[Z6] Zauberhafte Multiplikation

Hier eine Beispielrechnung:

Gedachte Zahl:	**17**
Multipliziere die Zahl mit 27:	459
Multipliziere Dein Zwischenergebnis mit 74:	33966
Nenne das Endergebnis:	33966

Der Zauberer bestimmt jetzt die Zahl, die bis zum nächsten Hunderter fehlt: 34.

Diese Zahl teilt er durch 2 und hat die gedachte Zahl gefunden.

Hier der Beweis:

Der Wert des Produktes von 27 und 74 ist 1998. Bezeichnen wir die nicht bekannte gewählte Zahl mit x, dann ist das Endergebnis E stets $27 \cdot 74 \cdot x = 1998 \cdot x$. Würde man die um 2 größere Zahl 2000 mit der Zahl x multiplizieren, wäre das Endergebnis $2000 \cdot x$.

Dieses Ergebnis ist um $2x$ größer als das genannte Endergebnis E, denn $2000 \cdot x - 1998 \cdot x = 2 \cdot x$

Da $2 \cdot x$ kleiner sein muss als 1000, reicht es aus, das Ergebnis E bis zum nächsten Tausender aufzurunden. Man erhält dann den Wert für $2x$. Dieser muss dann nur noch halbiert werden und die gedachte Zahl ist gefunden.

[Z7] Zauberei mit Münzen

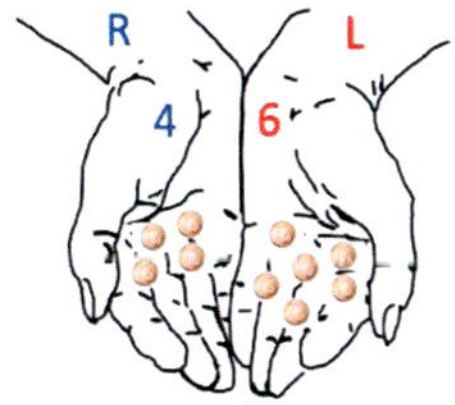

Hier eine Beispielrechnung:

4 Münzen rechts und 6 Münzen links

Multipliziere die Anzahl in der linken Hand mit 5: $5 \cdot 6 = 30$

Multipliziere die Anzahl in der rechten Hand mit 4: $4 \cdot 4 = 16$

Addiere beide Ergebnisse: $30 + 16 = 46$.

Nenne dem Zauberer das Endergebnis: 46.

Der Zauberer subtrahiert von dem Endergebnis 46 die Zahl 40 und erhält die Zahl, die angibt, wie viele Münzen sich in der linken Hand befinden; im Beispiel 6 Münzen.

Hier der Beweis:

Nenne wir das Endergebnis E und die Anzahl der Münzen jeweils R und L; L für die Anzahl an Münzen in der linken Hand und R entsprechend für die in der rechten Hand.

$E = 5 \cdot L + 4 \cdot R$

$L + R = 10 \Rightarrow R = 10 - L$

Setzt man für R den Term $(10 - L)$ in die erste Gleichung ein, gilt $E = 5 \cdot L + 4 \cdot (10 - L)$; Klammern werden aufgelöst und es gilt $E = 5 \cdot L + 40 - 4 \cdot L \Rightarrow E = L + 40$.

Subtrahiert man also vom Endergebnis die Zahl 40, erhält man den Wert für L.

[Z8] Zauberei mit drei Würfeln

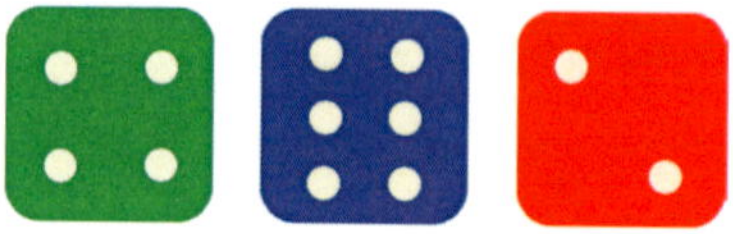

Der Zauberer fordert eine Person auf, mit den drei Würfeln gleichzeitig zu würfeln. Daraus wird eine dreistellige Zahl gebildet, wie in diesem Beispiel **462**

Dann gibt der Zauberer weitere Anweisungen:

Multipliziere die vordere Zahl mit 2. $\mathbf{4} \cdot 2 = 8$

Addiere zu diesem Ergebnis die 5. $8 + 5 = 13$

Multipliziere dieses Ergebnis mit 5. $13 \cdot 5 = 65$

Addiere zu diesem Ergebnis die gewürfelte Zahl, die der mittlere Würfel anzeigt. $65 + \mathbf{6} = 71$

Multipliziere dieses Ergebnis mit 10. $71 \cdot 10 = 710$

Addiere nun die Zahl, die der rechte Würfel anzeigt. $710 + \mathbf{2} = 712$

Dieses Endergebnis dem Zauberer nennen.

Der Zauberer rechnet: $712 - 250 = \mathbf{462}$

Hier der Beweis:

Bezeichnen wir die drei Würfelzahlen mit abc, dann gilt:

$$[(a \cdot 2 + 5) \cdot 5 + b] \cdot 10 + c = (10a + b + 25) \cdot 10 + c = 100a + 10b + c + 250$$

Subtrahiert man jetzt von diesem Ergebnis die Zahl 250, erhält man die gewürfelte Zahl.

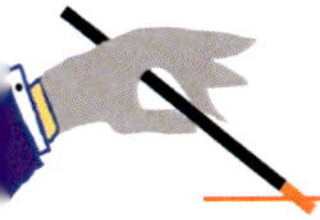

[Z9] Dein Geburtstag

Nehmen wir einmal als Geburtstagszahl die Zahl 20.

Der Zauberer erfährt, dass sich die gesuchte Zahl auf dem blauen und dem grauen Kärtchen befindet. Jetzt addiert er jeweils die erste Zahl auf dem blauen und grauen Kärtchen, die 4 und die 16: 4 + 16 = 20

Das geht mit jeder Zahl so.

Die Tabelle zeigt die Zahlen von 1 bis 31, wie sie im Zweiersystem geschrieben werden.

1	3	5	7
9	11	13	15
17	19	21	23
25	27	29	31

2	3	6	7
10	11	14	15
18	19	22	23
26	27	30	31

4	5	6	7
12	13	14	15
20	21	22	23
28	29	30	31

8	9	10	11
12	13	14	15
24	25	26	27
28	29	30	31

16	17	18	19
20	21	22	23
24	25	26	27
28	29	30	31

16er	Achter	Vierer	Zweier	Einer	
16	8	4	2	1	
				x	1
			x		2
			x	x	3
		x			4
		x		x	5
		x	x		6
		x	x	x	7
	x				8
	x			x	9
	x		x		10
	x		x	x	11
	x	x			12
	x	x		x	13
	x	x	x		14
	x	x	x	x	15
x					16
x				x	17
x			x		18
x			x	x	19
x		x			20
x		x		x	21
x		x	x		22
x		x	x	x	23
x	x				24
x	x			x	25
x	x		x		26
x	x		x	x	27
x	x	x			28
x	x	x		x	29
x	x	x	x		30
x	x	x	x	x	31

Die 20 baut sich im Zweiersystem aus 16 + 4 auf.

Alle Zahlen, die im Zweiersystem den Baustein 1 haben, stehen auf dem gelben Kärtchen. Alle, die die 2 haben, stehen auf dem grünen Kärtchen. Entsprechend die 4, die 8 und die 16 auf den drei weiteren Kärtchen. Wenn der Geburtstag auf den 31. des Monats fällt, muss die Zahl 31 auf allen Kärtchen stehen.

[Z10] Unsichtbare Würfelsumme

Der Zauberer fordert eine Person auf, mit den drei Würfeln gleichzeitig zu würfeln. Der Zauberer darf die Würfel nicht sehen. Dann gibt der Zauberer weitere Anweisungen:

Addiere die drei gewürfelten Zahlen. — $5 + 4 + 1 = 10$

Wähle einen der drei Würfel aus und addiere zum bisherigen Summenwert die verdeckte Zahl dieses Würfels. — Die verdeckte Zahl bei der 5 ist die 2. $10 + 2 = 12$

Mit genau diesem Würfel noch einmal würfeln. — Beispiel **6**

Die neue gewürfelte Zahl zum bisherigen Summenwert addieren. — $12 + 6 = 18$

Diesen Summenwert 18 unsichtbar für den Zauberer aufschreiben.

Der Zauberer schaut jetzt auf die drei Würfel und addiert die Werte. — $6 + 4 + 1 = 11$

Der Zauberer rechnet $11 + 7 = 18$ und nennt den aufgeschriebenen Wert.

Hier der Beweis:

Bezeichnen wir die drei Würfelzahlen mit a, b und c, dann gilt: $a + b + c = Z_1$. Der zu addierende Würfelwert heißt $(7 - a)$, $(7 - b)$ oder $(7 - c)$. Dieser Wert (als Beispiel $7 - a$) wird zu Z_1 addiert: Das Ergebnis lautet $Z_2 = a + b + c + (7 - a)$. Nun wird der neu gewürfelte Wert d addiert: $E = a + b + c + (7 - a) + d$.

$E = b + c + d + 7$. Den Wert E soll der Zauberer nun nennen. Der Zauberer sieht nur $W = b + c + d$.

Zu diesem sichtbaren Wert W muss er lediglich die Zahl **7** addieren.

[Z11] Die fehlende Ziffer

Zwei Zahlen werden aus den Ziffern 0 bis 9 gebildet und dann addiert:

1 345 + 978 206 = 979 551

Im Ergebnis wird eine Zahl gestrichen (hier die 7).

Die Zauberein sieht nur die Zahl 99 551.

Sie addiert die Ziffern dieser Zahl und erhält den Wert 29.

Das nächstgrößere Vielfache von 9 ist die 36.

Die Zauberin muss lediglich noch 36 – 29 rechnen und erhält die fehlende Ziffer 7.

Hier der Beweis:

Die zehn Ziffern von 0 bis 9 haben den Summenwert 45.

Da 45 ein Vielfaches von neun ist, ist auch der Summenwert der beiden aus diesen Ziffern gebildeten Zahlen ein Vielfaches von neun.

Nicht nur das, auch die Ziffernsumme dieser neu gebildeten Zahl ist ein Vielfaches von neun. Dabei feht von diesem Vielfachen jetzt genau die weggelassene Ziffer.

[Z12] Kalenderzauber

10

Oktober						
MO	DI	MI	DO	FR	SA	SO
	1	2	3	4	5	6
7	8	9	10	11	12	13
14	15	16	17	18	19	20
21	22	23	24	25	26	27
28	29	30	31			

Addiert man diese neun Zahlen, erhält man den Summenwert 162. Dies weiß die Zauberin nach kurzer Überlegung. Sie addiert zu der genannten Zahl (hier die 10) die 8 und multipliziert dies Ergebnis mit 9; $(10 + 8) \cdot 9 = 162$.

Hier der Beweis:

Die genannte Zahl nennen wir einmal a. Dann ergeben sich die anderen Werte wie folgt:

a	a + 1	a + 2
a + 7	a + 8	a + 9
a + 14	a + 15	a + 16

Nun werden alle neun Werte addiert:

$a + (a + 1) + (a + 2) + (a + 7) + (a + 8) + (a + 9) + (a + 14) + (a + 15) + (a + 16) = 9a + 72$

$9a + 72 = 9 \cdot (a + 8)$

Videoübersicht

Nummer	Titel	Link
1	Vorwort	https://bit.ly/3ilPfW9
2	Aufgabe 1	https://bit.ly/2BVycJQ
3	Aufgabe 2	https://bit.ly/2YRIK5A
4	Aufgabe 3	https://bit.ly/31H1tTl
5	Aufgabe 4	https://bit.ly/31EyJuj
6	Aufgabe 5	https://bit.ly/38kPgVK
7	Aufgabe 6	https://bit.ly/2BvWoCH
8	Aufgabe 7	https://bit.ly/3iommc4
9	Aufgabe 8	https://bit.ly/2BYEIIf2
10	Aufgabe 9	https://bit.ly/2VHfwo2
11	Aufgabe 10	https://bit.ly/3ir9ilU
12	Aufgabe 11	https://bit.ly/2D4dzvB
13	Aufgabe 12	https://bit.ly/31GlpFU
14	Aufgabe 13	https://bit.ly/2An2zs7
15	Aufgabe 14	https://bit.ly/3ghwYYj
16	Aufgabe 15	https://bit.ly/2VBVJpZ
17	Aufgabe 16	https://bit.ly/2BmduTD
18	Aufgabe 17	https://bit.ly/38tNqSo
19	Aufgabe 18	https://bit.ly/31MX1m5
20	Aufgabe 19	https://bit.ly/2BxdhNy
21	Aufgabe 20	https://bit.ly/2C5aUBk
22	Aufgabe 21	https://bit.ly/38w4Aiz
23	Aufgabe 22	https://bit.ly/3f3Fzh3
24	Aufgabe 23	https://bit.ly/2ZEXfcm
25	Aufgabe 24	https://bit.ly/2Z3yC9W
26	Aufgabe 25	https://bit.ly/38C0V2z
27	Aufgabe 26	https://bit.ly/38tOXrC

Nummer	Titel	Link
28	Aufgabe 27	https://bit.ly/3gtMbWb
29	Aufgabe 28	https://bit.ly/3e381ye
30	Aufgabe 29	https://bit.ly/3e4h7ea
31	Aufgabe 30	https://bit.ly/2NZqcKw
32	Aufgabe 31	https://bit.ly/2BzNQuK
33	Aufgabe 32	https://bit.ly/2BJmVMR
34	Aufgabe 33	https://bit.ly/2CaFUzK
35	Aufgabe 34	https://bit.ly/31Rvy2D
36	Aufgabe 35	https://bit.ly/2ZDfzCJ
37	Aufgabe 36	https://bit.ly/2ZERuvb
38	Aufgabe 37	https://bit.ly/2CaGddS
39	Aufgabe 38	https://bit.ly/2ZH038F
40	Aufgabe 39	https://bit.ly/2Z3aWms
41	Aufgabe 40	https://bit.ly/2ZEETZ5
42	Aufgabe 41	https://bit.ly/3gudT55
43	Aufgabe 42	https://bit.ly/2DeEjJZ
44	Aufgabe 43	https://bit.ly/3ffW1uR
45	Aufgabe 44	https://bit.ly/3iBvQAu
46	Aufgabe 45	https://bit.ly/38vOp4B
47	Aufgabe 46	https://bit.ly/2D5Jmfw
48	Aufgabe 47	https://bit.ly/3e4j61Q
49	Aufgabe 48	https://bit.ly/3eYnxg2
50	Aufgabe 49	https://bit.ly/2C5y5eW
51	Aufgabe 50	https://bit.ly/31KgDax
52	Aufgabe 51	https://bit.ly/2ZUxbKz
53	Aufgabe 52	https://bit.ly/3iy7VCe
54	Aufgabe 53	https://bit.ly/2VPDZaQ
55	Aufgabe 54	https://bit.ly/3f3XF2j
56	Aufgabe 55	https://bit.ly/2C5yldU
57	Aufgabe 56	https://bit.ly/2ZIekSC